11'90
N. Mar
10-3

Ernst Tugendhat

INTRODUCCIÓN
A LA FILOSOFÍA ANALÍTICA

Serie Cla•De•Ma
Filosofía

Obras de
Ernst Tugendhat
publicadas por Gedisa

Ser-Verdad-Acción
Ensayos filosóficos

Lecciones de ética

Diálogo en Leticia

El libro de Manuel y Camila
Diálogos sobre ética
(en colaboración con Celso López y Ana M.ª Vicuña)

Problemas

Egocentricidad y mística
(en preparación)

INTRODUCCIÓN A LA FILOSOFÍA ANALÍTICA

Ernst Tugendhat

Traducción
Jorge Navarro Pérez

La publicación de esta obra fue subvencionada
por el Goethe-Institut Inter Nationes, Bonn

Esta obra ha sido publicada con la ayuda de la Dirección General
del Libro, Archivos y Bibliotecas del Ministerio de Educación,
Cultura y Deporte

Título de la versión original alemana:
Verlesungen zur Einführung in die sprachanalytische Plilosophie
© Suhrkamp Verlag, Frankfurt/Main, 1976

Diseño de cubierta: Juan Santana

Traducción: Jorge Navarro Pérez

Primera edición: octubre 2003, Barcelona

Reservados todos los derechos de esta versión castellana de la obra

© Editorial Gedisa, S.A.
Paseo Bonanova, 9, 1º-1ª
08022 Barcelona (España)
Tel. 93 253 09 04
Fax 93 253 09 05
Correo electrónico: gedisa@gedisa.com
http://www.gedisa.com

ISBN: 84-7432-904-3
Depósito legal: B. 39962-2003

Impreso por: Romanyà/Valls
Verdaguer, 1 - 08786 Capellades (Barcelona)

Impreso en España
Printed in Spain

Queda prohibida la reproducción total o parcial por cualquier medio de Impresión, en forma idéntica, extractada o modificada, de esta versión castellana de la obra.

Dedicado a Martin Heidegger

Índice

Prefacio a la edición española 11

Prólogo. 13

Lección primera
Comenzando por el método 15

Lección segunda
Un filósofo en busca de un concepto de filosofía 27

Lección tercera
Ontología y semántica 39

Lección cuarta
¿Tiene la semántica formal una pregunta
    fundamental?. 59

Lección quinta
Reflexión sobre la consciencia y reflexión sobre
    el discurso 79

Lección sexta
   Continuación de la confrontación con la filosofía
   de la consciencia   99

Lección séptima
   Bosquejo de una idea práctica de la filosofía   115

Bibliografía   133

Índice onomástico   137
Índice temático   139

Prefacio a la edición española

Estas siete lecciones constituyen la introducción a un libro de veintiocho lecciones que publiqué en alemán en 1976 con el título *Vorlesungen zur Einführung in die sprachanalytische Philosophie*. La intención de estas primeras siete lecciones fue construir un puente entre aspectos fundamentales de la filosofía tradicional y la filosofía analítica, y creo que por esto merecen ser publicadas por separado en esta edición española. Cuando escribí ese libro, la filosofía analítica era aún poco conocida en el continente europeo. Había el prejuicio de que el método analítico conduce a perderse en problemas superficiales.

Como mi propio origen filosófico había sido con Aristóteles y Heidegger, mi ambición fue demostrar que las estructuras fundamentales que habían servido de hilo conductor tanto a la ontología aristotélica como a la filosofía transcendental, sólo podían ser aclaradas satisfactoriamente con métodos lingüísticos.

Me concentré en la temática de objeto y predicación, que ha ocupado un lugar central tanto en la filosofía antigua como en la moderna. La orientación primaria de la tradición por la estructura de representación y objeto me parecía haber viciado el entendimiento de la predicación o sea, del juicio, y mantuve que éste sólo podía ser aclarado a partir de la estructura lingüística de la frase

11

predicativa. La explicación de esta estructura fue el objeto de la parte principal del libro que no está incluida aquí. En ella intenté mostrar que el concepto de objeto no puede ser tomado como algo sobreentendido —como suele ser el caso tanto en la filosofía tradicional como también en la analítica—, sino que debe ser aclarado a partir del uso de la capa fundamental de los así llamados términos singulares, es decir de las expresiones indexicales. Tradicionalmente se había pensado que los términos generales eran una adquisición más compleja y más tardía que los términos singulares, pero resulta ser lo contrario: las expresiones comunicativas de otras especies pueden entenderse como generales, mientras que sólo el lenguaje humano ha desarrollado la estructura mucho más compleja de referencias singulares; con ella, el pensamiento humano logra su peculiar independización de la situación de habla. Es este aspecto que me sirvió de base en el libro que acabo de terminar y que se publicará próximamente con el título *Egocentricidad y mística*.

El intento de publicar las primeras siete lecciones por sí solas ya se hizo una vez con provecho en la traducción italiana: *Introduzione alla filosofia analitica* (Marietti, 1989). El único idioma al cual se ha traducido el libro entero es el inglés, con el título *Traditional and Analytical Philosophy* (Cambridge University Press, 1982).*

Entre estas siete lecciones, la última es una cosa aparte: fue un primer intento en dirección a una fundación de la filosofía moral que para mí ya sólo tiene valor histórico.

Tubinga, marzo de 2003

E. T.

---

* En la presente edición castellana hemos mantenido las referencias del autor a las lecciones no incluidas aquí para que los lectores interesados puedan consultar la edición completa en alemán o en inglés. *[N. del E.]*

Prólogo

En la filosofía llamada «analítica» o «analítica del lenguaje» se reflexiona poco, y hoy menos que antes, sobre los propios fundamentos de ésta. Los que la practican se mueven básicamente dentro de las preguntas tradicionales sin ponerlas en cuestión. Esto se debe en parte a una falta de consciencia histórica. Una manera de filosofar sólo se puede establecer como posición filosófica mediante la confrontación con concepciones anteriores de la filosofía. Esta reflexión sobre los fundamentos no es sólo un acto adicional de autocomprensión, sino una condición para que una filosofía pueda llevar a cabo la tarea que siempre ha sido la propiamente filosófica: examinar las preguntas, los métodos y los conceptos fundamentales dados y elaborar preguntas, métodos y conceptos fundamentales nuevos.

Las lecciones que siguen quieren dar un impulso en esta dirección. Por eso tienen carácter introductorio. Mediante una confrontación con la orientación por el esquema sujeto-objeto, que está a la base de toda la filosofía tradicional, intentan llevar los planteamientos ya existentes en la filosofía analítica al contexto de una cuestion básica y una reflexión sobre los fundamentos que son específicos del análisis lingüístico. Por cuanto respecta al contenido, estas lecciones se mueven por un campo de investigación que no es en absoluto nuevo y sólo dan en él un primer paso.

Este libro se dirige a tres grupos diferentes de lectores. El lector al que habla directamente en la forma de curso universitario es el filósofo principiante, al que le podría servir como introducción a la manera filosófica de pensar. También se dirige, aunque en *intentio obliqua*, a lectores ya versados en la filosofía analítica. Pero sobre todo este libro se dirige a quienes conocen más o menos bien las ideas filosóficas tradicionales y echan de menos en la filosofía analítica un planteamiento fundamental que sea comparable a los grandes planteamientos tradicionales. Para estos lectores, el presente libro quiere tender un puente, intentando mostrar que la filosofía analítica contiene un planteamiento que no sólo está a la altura de los planteamientos tradicionales, sino que resulta ser superior a ellos.

Este propósito es un reflejo de mi propio desarrollo, que partió de Heidegger y me ha conducido a la filosofía analítica. He llegado a la conclusión de que la pregunta de Heidegger por la comprensión de «ser» sólo puede adquirir un sentido concreto y viable en el marco de una filosofía analítica. Aunque apenas hable de Heidegger en estas lecciones, le debo el enfoque específico con que abordo los problemas de la filosofía analítica. Por eso le he dedicado el libro.

Su contenido se basa en un curso que dicté en la universidad de Heidelberg durante el semestre de verano de 1970. Aunque he reescrito y ampliado el texto, me ha parecido conveniente mantener la forma del curso universitario.

Starnberg, marzo de 1976

Ernst Tugendhat

Lección primera

Comenzando por el método

Hablar de «introducción a la filosofía analítica» es ambiguo. De un curso anunciado con este título se podría esperar una panorámica de un movimiento filosófico determinado: una orientación histórica o sistemática sobre los trabajos filosóficos que se suelen llamar «analíticos». Eso no es lo que les voy a ofrecer aquí, pues ya hay introducciones de ese tipo a la filosofía analítica.[1] Pero el título también se puede entender de otra manera si al hablar de «filosofía» nos referimos a la actividad filosófica. De lo que se trata entonces es de una introducción al filosofar analítico.

Se introduce a alguien en una actividad determinada exponiéndosela de manera ejemplar, de modo que él la pueda imitar. Así pues, yo debería exponer ante ustedes una argumentación analítica típica de tal modo que ustedes la comprendieran y se sintieran estimulados a llevar a cabo por sí mismos argumentacio-

---

1. Véase, por ejemplo, Passmore, *A Hundred Years of Philosophy*, caps. 9 y 15-18 (especialmente recomendable); Urmson, *Philosophical Analysis* (instructivo para los primeros tiempos, pero no aborda los desarrollos recientes); Rorty, *The Linguistic Turn* (una colección de artículos programáticos con una amplia introducción); von Savigny, *Die Philosophie der normalen Sprache*; von Kutschera, *Sprachphilosophie*; Stegmüller, *Hauptströmungen der Gegenwartsphilosophie*, vol. I, caps. 9-11; vol. II, caps. 1-2.

nes similares. Y esto es lo que pienso hacer. Pero esa exposición ejemplar no basta para una introducción si la actividad en la que hay que introducir a alguien es una manera de filosofar.

Una manera de filosofar no se encuentra junto a las otras maneras de filosofar como una manera de bailar junto a las otras maneras de bailar. Las maneras de bailar no se excluyen ni incluyen unas a otras. Una misma noche se puede bailar con igual pasión un tango, un *boogie* y un *rock'n'roll* sin preocuparse, por ejemplo, por el vals. Pero no se puede filosofar en serio de una manera determinada sin haber rechazado o integrado las otras maneras. Un baile puede haber pasado de moda, pero no por eso es incorrecto. Por el contrario, en la filosofía (como en cualquier otra ciencia) se busca la verdad. De ahí que filosofar de una u otra manera pueda ser moderno o anticuado, pero averiguar esto no es asunto del filósofo, sino del historiador. Si me preguntan por qué yo filosofo de esta manera y no de otra, no puedo contestar «porque es moderno», sino sólo «porque esa es la manera correcta de filosofar». Esto implica la obligación de demostrar que esa afirmación está justificada. Por tanto, introducir a alguien en una manera de filosofar incluye la tarea de poner esta manera de filosofar en relación con otras maneras posibles de filosofar y demostrar su corrección confrontándola con ellas.

Así pues, la idea de filosofía también está en discusión. Al introducir a alguien en una manera determinada de filosofar no se puede presuponer el concepto de filosofía. De ahí que introducir a alguien en una manera determinada de filosofar también signifique introducirle en la actividad de filosofar.

Si es cierto que una introducción a la filosofía analítica (como a cualquier otra filosofía) sólo se puede hacer distinguiéndola de otras maneras de filosofar, esto tiene una repercusión en la cuestión de qué argumentación hay que elegir para exponer ejemplarmente la manera analítica de filosofar. No podemos conformarnos con un ejemplo cualquiera. Al confrontar el filosofar analítico con otras maneras de filosofar, no confrontamos sólo métodos. Las posiciones filosóficas más importantes del pasado siempre partieron al mismo tiempo de determinadas preguntas fundamentales sobre el contenido, en dirección a las cuales se organizaba todo el campo de las preguntas filosóficas posibles. En el caso de la filosofía analítica puede estar poco claro cuál es su pregunta central, incluso que posea una pregunta central. Pero entonces tenemos que esperar que el filosofar analítico encuentre su propia pregunta central precisamente en la confrontación con posiciones filosóficas anteriores, es decir, que sólo se encuentre a sí mismo a través de esta confrontación.

Si esto es así, ni siquiera podemos presuponer que el filosofar analítico ya es una doctrina acabada en la que se puede introducir a alguien, para exponer a continuación, tal vez en un apéndice, su diferencia respecto de las posiciones anteriores. No está escrito en ninguna parte lo que es el filosofar analítico, y si intentáramos obtener una definición de la «filosofía analítica» mediante la inducción y la abstracción a partir de los estudios filosóficos existentes a los que se denominan analíticos, lograríamos como mucho una caracterización vacía que no podría servir de punto de partida para un filosofar concreto.

Así pues, ¿les voy a introducir en algo que todavía no existe? En el caso de la filosofía, esto no es tan absurdo como parece. Una filosofía siempre se constituye sólo al filosofar. De aquí se sigue que filosofar y una manera determinada de filosofar es una actividad que sólo en el movimiento de introducción llega a ser lo que es.

Pero aún hay un último prejuicio que tenemos que abandonar: si aquello en lo que introducimos a alguien aún no está determinado antes de la introducción, tampoco quien quiere introducir a otros en esta actividad puede disponer ya de ella. Sólo puede introducir a otros introduciéndose a sí mismo.

Tal vez, estas reflexiones les parezcan a ustedes poco creíbles, un torpe anzuelo pedagógico. ¿No recuerda la pretensión de introducir en algo que todavía no existe y que se constituirá en el curso de la introducción al intento del barón de Münchhausen de elevarse tirando de sus propias botas? ¿Estoy diciendo en serio que quiero introducirles en algo que todavía no conozco? Por supuesto, no se puede buscar algo de lo que no se tiene un vago concepto preliminar. Por supuesto, yo tengo un vago concepto preliminar de análisis lingüístico, pero ustedes también lo tienen.

17

Por otra parte, no está claro ni para nosotros ni en general en qué consiste el análisis del lenguaje en tanto que posición filosófica. No podemos eliminar esta falta de claridad preguntando a alguien, sino sólo por medio de la profundización del concepto preliminar que tenemos. Y no es absurdo esperar que precisamente la confrontación del análisis del lenguaje –a partir del concepto preliminar que tenemos de él– con importantes posiciones filosóficas anteriores saque a la luz su propia pregunta fundamental acerca de su contenido. Alcanzar esta pregunta fundamental es la meta de la parte introductoria de este curso. En la segunda parte (no incluida aquí), he dado mediante el análisis del enunciado predicativo un primer paso en el planteamiento de la pregunta señalada.

Comencemos, por tanto, por aquella comprensión preliminar vaga de filosofía analítica que podemos presuponer en todos, ya que se trata de una mera explicitación de su nombre. Está claro que al hablar de «filosofía analítica del lenguaje» nos referimos a una manera de filosofar que cree poder o deber resolver los problemas planteados a la filosofía por el camino de un análisis del lenguaje.

Surge enseguida la cuestión: ¿por el camino de qué análisis del lenguaje? El análisis del lenguaje ¿acaso no es una tarea de la lingüística? Entendida como análisis del lenguaje, ¿se convierte la filosofía en lingüística o en una parte de la lingüística? ¿O es el análisis del lenguaje que se lleva a cabo en la filosofía diferente del de la lingüística? Si es así, ¿en qué consiste esa diferencia? Ya ven que nuestro proyecto se complica desde un principio por asuntos adicionales. La filosofía analítica se ve confrontada no sólo con una exigencia de legitimación frente a otras concepciones de la filosofía, sino además con la exigencia de precisar su relación con una ciencia empírica cercana a ella.

Nos encontramos aquí, aunque en condiciones especiales, ante una dificultad que se ha presentado a la filosofía cada vez que ha intentado definirse: la pregunta de cómo la filosofía tiene que definir su relación con las ciencias. Es un rasgo característico de la filosofía moderna que esta pregunta no se plantee sólo en general, en relación con todas las ciencias, sino también de manera relevante con respecto a una ciencia determinada. Esa ciencia fue para la filosofía moderna clásica, sobre todo desde Kant, la psicología, y hoy es la lingüística. Tal vez haya también una manera de filosofar para la cual la sociología desempeñe una función equivalente. Esta colisión especial con una ciencia empírica determinada se debe a lo que se suele llamar el «carácter reflexivo» de la filosofía moderna. La filosofía moderna concibe sus planteamientos no tematizando directamente uno u otro objeto, sino reflexionando al mismo tiempo sobre cómo nos están dados esos objetos, cómo accedemos a ellos. El campo de lo dado sobre el que se reflexiona fue entendido en la filosofía moderna clásica como consciencia, como una dimensión de las representaciones, mientras que en la nueva concepción de filosofía es entendido como el ámbito de la comprensión de nuestras expresiones lingüísticas. Cada vez, la filosofía encuentra su ámbito de reflexión ocupado ya por una ciencia empírica determinada, y por eso surge cada vez la pregunta: ¿en qué medida este ámbito, si, visto desde la filosofía, no ha de ser simplemente un ámbito más, es accesible a una consideración específicamente filosófica?

No conozco una respuesta satisfactoria a la pregunta de cómo distinguir la filosofía analítica de la lingüística empírica. Es una respuesta que no se puede dar con ayuda de las distinciones tradicionales entre filosofía y ciencia, ya que depende esencialmente de la concepción de la filosofía que uno tenga. Naturalmente, en el estadio actual de esta introducción nos faltan aún todos los presupuestos para abordar esta pregunta, y de momento sólo podemos decir que la filosofía analítica se distingue en todo caso de la lingüística empírica en que –a diferencia de ésta– tiene que legitimarse como filosofía, por lo que se encuentra en una confrontación con otras posiciones filosóficas.

Volvamos a la definición nominal de «filosofía analítica del lenguaje» como una filosofía que intenta resolver los problemas filosóficos por el camino de un análisis del lenguaje. Si partimos de esta comprensión preliminar, ¿cómo continuaremos? Podemos dirigirnos a quien escucha esta definición por primera vez para ver cuál es el pensamiento que él mismo tiene a continuación.

Si se trata de una persona que piensa, formulará de inmediato esta objeción (es la objeción estándar que siempre se plantea a la concepción analítica de la filosofía): «Sin duda resulta plausible», dirá, «que las clarificaciones de palabras forman parte de la filosofía, que siempre han formado parte de ella, pero sólo como un preámbulo para eliminar la oscuridad y ambigüedad en el uso de los términos filosóficos; pero esto sólo puede ser un estadio de transición en el camino hacia las cosas de que se trate en cada caso. Pues el lenguaje sólo es un medio; una filosofía que entienda el análisis del uso lingüístico no sólo como un preámbulo, sino como su verdadera tarea, parece que ha perdido el contacto con las preguntas de contenido, con las cosas mismas».

Así pues, comenzamos por el modo negativo en que la idea de filosofía analítica se le presenta inicialmente a un observador externo. La objeción que acabamos de formular aún se queda en la periferia. Habla de las cosas en contraste con las palabras, sin explicar a qué cosas se refiere y dónde habría que encontrarlas. Sólo cuando pedimos a esta persona que piensa que nos aclare estas dudas, conseguimos (ella y nosotros) dar un primer paso en el verdadero campo de la confrontación.

Ahora le preguntamos: ¿en qué ámbito extra-lingüístico se encuentran las cosas a las que ella se refiere? Si esa persona no es un filósofo, sino simplemente una persona que piensa, probablemente responderá: «Las cosas mismas, evidentemente, nos están dadas mediante la experiencia. Y la apelación a no quedarse simplemente con las palabras tenía este sentido: para llegar a conocer, hay que recurrir a la experiencia».

Así interpretada, la objeción parece plausible e incluso irrefutable en relación con el conocimiento empírico. Efectivamente, en el caso de las ciencias empíricas sucede lo que la objeción ha formulado: las clarificaciones de palabras son necesarias, pero dentro de la investigación sólo representan un estadio de transición. Aquí, las cosas mismas son los estados de cosas de un ámbito científico de experiencia. Pero si esta objeción se dirige contra una concepción de la *filosofía*, esto sólo puede significar o que no se admite la filosofía como una dimensión de preguntas propia, que no se reduce a una ciencia empírica –entonces, no se trata de una objeción contra la filosofía analítica, sino contra toda la filosofía–, o bien que se atribuye también a la filosofía un modo de experiencia propio, pero no empírico. Tiene que tratarse de esta segunda posibilidad si la objeción no procede simplemente de una persona que piensa, sino de un filósofo.

Por consiguiente, sobre la legitimidad de esa objeción no se puede discutir razonablemente sin abordar la temática propia de la filosofía, de la cual se deriva la característica que la distingue de las ciencias empíricas: una concepción controvertida de la filosofía, pero que domina toda su historia, dice que la filosofía no tiene que ver con conocimientos empíricos, sino con conocimientos aprióricos, que sus proposiciones son válidas *a priori*, es decir, que no pueden ser verificadas ni falsadas mediante la experiencia (sensorial). Por supuesto, esta característica también es propia de la lógica y de la matemática, por lo que no sirve para definir la filosofía. Además, esta característica exterior es insatisfactoria mientras no nos preguntemos en qué concepción de la filosofía se basa.

Quienes han definido la temática de la filosofía como apriórica –Platón fue el primero– lo han hecho porque creían saber que toda comprensión contiene presupuestos a los que normalmente no prestamos atención, pero que al fijarnos en ellos aparecen como algo que sabemos, pues no podemos imaginarnos que fueran de otra manera; ahora bien, si intentamos dar expresión a este saber, nos encontramos en un apuro. Un ejemplo clásico, retomado en nuestros tiempos por Wittgenstein,[2] son las frases de san Agustín sobre el tiempo: «Así pues, ¿qué es el tiempo? Si nadie me lo pregunta, lo sé; pero si me lo preguntan e intento explicarlo, no lo sé».[3] Aquí parece que nos encontramos ante un ámbito de conocimiento en el que nuestra ignorancia no se debe a una experiencia defectuosa, sino a que se trata de aspectos de nuestra comprensión que nos resultan demasiado cercanos y obvios. A lo que aspiramos aquí no es a la explicación de algo incomprensible en su facticidad, sino a la clarificación de algo ya comprendido. Y esta clarificación sólo se puede lograr mediante la reflexión sobre nuestra comprensión, no mediante la experiencia.

2. *Philosophische Untersuchungen*, § 89.
3. *Confesiones*, XI, 14.

Esta interpretación de la temática filosófica –que por supuesto aún es muy abstracta, como una tesis– también nos permite comprender de qué modo la filosofía se diferencia de otras formas de conocimiento apriórico. La lógica y la matemática también son apriórícas, pero no intentan articular algo que ya sabemos, sino que preguntan qué está implícito en las conexiones que ya conocemos o que podemos suponer hipotéticamente; las frases de san Agustín sobre el tiempo no se pueden aplicar a los enunciados de la lógica y de la matemática.

Desde Kant se distingue entre el apriori analítico y el apriori sintético. Se llaman analíticas *a priori* las proposiciones cuya verdad o falsedad depende simplemente del significado de las expresiones lingüísticas que las componen. A las proposiciones analíticas apriorísticas llegamos, pues, mediante el análisis del lenguaje, mejor dicho: mediante el análisis del significado de nuestras expresiones lingüísticas. Por el contrario, las proposiciones son sintéticas *a priori* si no son empíricas, pero si aún así su verdad no se basa en el mero significado de las expresiones que figuran en ellas.

Ahora podemos comprender qué concepción de la filosofía está a la base de la posición analítica y a qué alternativa conduce la objeción formulada contra ella. La filosofía analítica comparte la concepción tradicional de que la filosofía es un conocimiento apriórico e interpreta el apriori en sentido analítico. En relación con la concepción de la temática filosófica antes expuesta, esto significa que el saber implícito en toda comprensión hay que entenderlo como el saber del significado de las expresiones lingüísticas en que la comprensión se articula. Y la objeción contra la posición analítica conduce, como vemos ahora, a la alternativa de negar o bien que haya una temática apriórica o de afirmar que hay un apriori sintético.

En la objeción formulada al principio de una manera abstracta se habían conectado sin que nos diéramos cuenta dos posiciones contrapuestas diametralmente: una posición empírica y una posición metafísica. Por tanto, sólo se puede responder a la objeción enfrentándose por separado a cada una de estas dos posiciones.

Contra el empirista, el filósofo analítico puede aducir que en el lenguaje hay de hecho un ámbito del apriori en el sentido antes expuesto: lo que nuestras expresiones lingüísticas significan lo sabemos sin poder articular fácilmente lo que sabemos así; cuando lo conseguimos, el resultado son proposiciones analíticas.

Por el contrario, ¿en qué ha de basarse un apriori sintético? Parece que para esto hay que imaginar en el ámbito del apriori un análogo de la experiencia sensorial. Llegamos así a la idea de una experiencia no empírica, de una visión espiritual, de una intuición intelectual. Platón y Aristóteles llamaron *nous* a esta visión espiritual, que en latín se tradujo como *intuitus*. Esta idea de ver espiritualmente desempeña, de manera más o menos explícita, una función importante en gran parte de la tradición filosófica. En nuestros días ha sido retomada y ampliada teóricamente por la fenomenología. Por tanto, la tesis analítica de que sólo hay un apriori analítico de tipo lingüístico, hay que entenderla como antítesis a la idea de una visión espiritual.

Pero aparte del recurso a una visión espiritual hay otra concepción del apriori sintético: la kantiana. Kant rechazó la idea de una experiencia no empírica, de una intuición intelectual; aunque también remitió todo conocimiento no analítico a la experiencia empírica, sin embargo, afirmó que en relación con la experiencia se pueden conocer proposiciones sintéticas *a priori* cuya validez no se capta en una visión espiritual, sino que se basa en que ellas formulan las condiciones de posibilidad de la experiencia. Es dudoso que haya tenido éxito el intento kantiano de añadir una tercera posibilidad a las concepciones analítica e intuitiva de la filosofía. Pues las proposiciones que Kant presenta como condiciones de posibilidad de la experiencia también se pueden entender como proposiciones analíticas. Se puede decir que las «condiciones de posibilidad» de la experiencia son lo que está contenido analíticamente en el sentido de lo que llamamos «experiencia». Se puede decir, por tanto, que Kant no hizo otra cosa que investigar analíticamente un concepto determinado de experiencia.

Ahora puedo resumir: suponiendo, primero, que hayamos desarrollado la crítica, aquí sólo esbozada, de la concepción kantiana de un apriori sintético y, segundo, que la idea de una visión espiritual estuviera refutada, así quedaría probada la concepción analítica de la filosofía como la manera correcta de filosofar, pues sería la única posible, si suponemos que lo apriórico es característico de la filosofía.

La primera confrontación con la temática apriórica específicamente filosófica puede tentarnos a transferirle las estructuras que nos son familiares del conocimiento científico o incluso pre-científico: por eso se remite de las palabras a las cosas, sin tener en cuenta que la filosofía no se refiere a las cosas de la misma manera que las ciencias; aunque se admita esto y se distingan las cosas de la filosofía y la manera de acceder a ellas respecto de las cosas empíricas, se tiende a imaginárselas en analogía con estas últimas. En la concepción analítica no se renuncia a la temática filosófica, sino que se la libera de un malentendido ingenuo.

La exigencia de dirigirse a las cosas sólo puede significar para la filosofía que la temática apriórica se guíe por la empiria. El riesgo de perder el contacto con las cosas, es decir, con la empiria, surge precisamente cuando una filosofía construye en el ámbito apriórico mismo un mundo ficticio de cosas con un acceso propio no empírico. Justamente cuando sólo se admite la empiria como ámbito temático de la filosofía, lo filosófico como tal ya sólo puede ser el análisis del lenguaje.

Esta última reflexión es adecuada para llamar nuestra atención sobre un presupuesto cuestionable que la argumentación aquí elaborada comparte con la concepción tradicional de la filosofía: aunque el hecho del apriori y su diferencia respecto de lo empírico parezcan innegables, de aquí no se sigue todavía que tenga sentido contraponer el ámbito del apriori como un ámbito de conocimiento cerrado al ámbito de lo empírico en conjunto; no se sigue todavía que tenga sentido separar de las ciencias empíricas un planteamiento y una temática puramente aprióricos que se llamen filosofía.

Sin embargo, con esto tocamos una cuestión que señala hacia adelante y con la que difícilmente se puede avanzar en la confrontación con posiciones filosóficas anteriores. Además, aún no la podemos abordar en absoluto en el estadio actual de nuestra argumentación, pues todavía no disponemos de un planteamiento unitario filosófico o como queramos llamarlo, y sólo desde él se podría decidir cómo hay que conectar la investigación apriórica con la empírica.

Ahora tenemos que dejar de lado esta dificultad, aunque deberíamos mantenerla a la vista como una cuestión abierta. Dentro de la argumentación que hemos elaborado hasta ahora, lo que importa en primer lugar es darse cuenta de que –aunque no pongamos en cuestión el presupuesto de una concepción puramente apriórica de la filosofía– todavía no hemos obtenido un concepto determinado de filosofía. Pues aunque excluyamos de la manera antes indicada el ámbito de la lógica y de la matemática, el ámbito remanente del apriori no constituye una temática unitaria. Sin duda, no pretenderemos considerar filosófica a cualquier proposición analítica que se base en una definición (por ejemplo, «Los hombres solteros no están casados»).

Así pues, en el mejor de los casos, la apriondad es un rasgo genérico de la filosofía, pero no basta para definirla. Tampoco las concepciones anteriores de la filosofía se reducen a la idea de que el conocimiento filosófico es apriórico. Por cuanto respecta a la concepción analítica, mediante el mero punto de vista del análisis del significado y de la analiticidad tampoco obtenemos aún un concepto unitario de filosofía. Si repasamos los estudios de análisis filosófico del lenguaje observamos que no se investiga el significado de cualquier palabra. ¿De dónde toma la filosofía analítica los criterios para seleccionar las palabras, los tipos de palabras y las estructuras lingüísticas que hay que analizar? Por lo que parece los toma casi siempre de su orientación por las disciplinas y los problemas filosóficos tradicionales. En este sentido, está justificado el reproche de que la posición analítica sólo es un método y no un planteamiento propio y unitario (más arriba, pág. 16). Pero, por ahora, este reproche sólo afecta a los estudios analíticos existentes, y está por ver si la idea de filosofía analítica no contiene, pese a todo, un tal planteamiento unitario propio.

Lección segunda

Un filósofo en busca de un concepto de filosofía

La confrontación con concepciones anteriores de la filosofía por la que comienzo la introducción al filosofar analítico no se propone sólo su legitimación, sino que al mismo tiempo intenta encontrar por este camino su propio planteamiento central. El primer avance aún no ha pasado de la periferia. Lo que el filosofar analítico es lo hemos extraído simplemente de la explicitación de su nombre. Y el carácter apriórico de la filosofía lo hemos tomado simplemente tal como nos lo da la tradición. De todos modos, hemos dado así un primer paso en la legitimación: la idea, que al principio parecía superficial, de que el método de la filosofía consiste en un análisis de nuestra comprensión lingüística se ha revelado como el núcleo firme de la concepción tradicional del carácter apriórico de la filosofía. Con este primer paso hemos alcanzado la autocomprensión habitual de los filósofos analíticos. Pero esta autocomprensión no basta, pues, como hemos visto al final, no proporciona un criterio para distinguir entre las palabras filosóficamente relevantes o lo filosóficamente relevante en el lenguaje y lo filosóficamente irrelevante. Al parecer, para eso hace falta una delimitación de la temática filosófica, que todavía no está dada con el ámbito del apriori en tanto que tal.

¿Cómo hay que proceder aquí? Se podría intentar diferenciar el ámbito de lo apriórico, distinguir varios tipos de lo analítico. Por ejemplo, se podría excluir fácilmente el ámbito de las expresiones empíricas que se pueden definir mediante una combinación de rasgos y que, por tanto, fundamentan proposiciones analíticas: la proposición «Los solteros no están casados» es analítica porque «soltero» se define como «hombre que no está casado». Y se podría intentar delimitar frente a esto un ámbito de expresiones a las que no se consideran empíricas en este sentido y de las que se podría pensar que de algún modo son relevantes filosóficamente (me expreso intencionadamente de una manera tan imprecisa): palabras como «bueno», «verdadero», «actuar», «afirmar», «experiencia», «tiempo», «objeto», «sentido».

No voy a tomar este camino a pesar de que me parece prometedor y pese a que no está elaborado. Aunque condujera a distinciones útiles, a fin de cuentas, este camino seguiría careciendo de una orientación por cuanto respecta a la pregunta de qué ámbito lingüístico hay que considerar filosóficamente relevante. Pues para poder decidir esto, hay que partir ya de una concepción de la temática filosófica.

Así pues, tenemos que preguntar directamente por el tema o por la pregunta fundamental del filosofar, en especial del filosofar analítico. Para eso voy a elegir de nuevo el camino de la confrontación con la tradición filosófica. Ahora no podemos, como en la lección anterior, partir de un concepto preliminar del filosofar analítico, pues no disponemos de él por cuanto respecta a la pregunta fundamental sobre el contenido. Por tanto, tenemos que proceder a la inversa y partir de una o varias preguntas fundamentales existentes en la tradición y mirar si estas preguntas, consideradas desde el punto de vista analítico, nos conducen a una pregunta fundamental del filosofar analítico. Abordaré tres conceptos centrales por los que el filosofar tradicional se ha guiado, y de este modo entraremos gradualmente en el planteamiento analítico. Se trata, primero, del concepto de *ser*, que es central en la concepción antigua de la filosofía; segundo, de los conceptos de *consciencia* y *experiencia*, por los que se guía la filosofía moderna; y tercero, del concepto de *razón*, que se encuentra –en el preguntar socrático– al principio de nuestra tradición filosófica. Por supuesto, estos tres puntos de orientación, cada uno de los cuales interpretaré sólo en *una* dirección, no agotan la tradición de la pregunta filosófica fundamental. Guiarse por otros conceptos podría tener otras consecuencias, también para el bosquejo de una posición analítica. Por tanto, el intento que voy a acometer sigue siendo conscientemente incompleto y unilateral.

Además, ustedes podrían preguntar hasta qué punto guiarse históricamente por las concepciones existentes de filosofía puede resultar satisfactorio. Aunque se pudiera mostrar que estos planteamientos tradicionales sólo llegan a ser lo que son en el análisis del lenguaje, de este modo sólo se habría acreditado el planteamiento analítico en relación con estas posiciones. Pero, ¿cómo se acreditan estas posiciones mismas? Esto conduce a la cuestión de cómo una concepción determinada de la filosofía se puede identificar en sí misma, no sólo en relación con otras concepciones. Tendremos presente esta cuestión al exponer las diversas concepciones, y ya en el caso de la primera concepción de filosofía que examinaremos obtendremos aclaraciones esenciales.

Parménides fue el primero en plantear la pregunta por el ser como pregunta fundamental de la filosofía. Pero sólo en Aristóteles (al comienzo de su *Metafísica*) encontramos por primera vez un intento de introducir al lector en esta pregunta en tanto que pregunta fundamental de la filosofía, y este intento es al mismo tiempo el primer intento sistemático de introducir un concepto de filosofía, del cual podemos aprender cosas esenciales para nuestra empresa más allá del punto de vista específico del ser. Por eso lo voy a exponer con algo más de detalle.

Aristóteles comienza desarrollando una idea preliminar de filosofía, es decir, una indicación formal de qué hay que entender por filosofía. Sólo una reflexión ulterior sobre cómo se puede realizar esta idea en concreto conducirá a un concepto determinado de filosofía.

Se trata de la idea de un saber de las causas y los principios supremos y más generales. Este concepto preliminar de la filosofía, como saber más general, como fundamentación última, ha sido determinante para toda la tradición aun cuando fuera interpretado de otra manera. Todavía Husserl, por ejemplo, caracteriza su concepto preliminar de filosofía como la «idea de una ciencia y finalmente de una ciencia universal a partir de la fundamentación absoluta».[1]

Aristóteles llega a este concepto preliminar de filosofía por dos caminos. Uno[2] consiste en una investigación sobre qué se entiende en general por la palabra «filosofía», que en Aristóteles equivale a la palabra «sabiduría», *sophía*. El otro camino parte del hecho de que con la palabra «filosofía» nos referimos a una manera de saber o de preguntar eminente, suprema. De ahí que parece consecuente que llamemos «filosofía» al saber al que corresponden en el máximo grado las características constitutivas del saber. Pues bien, lo constitutivo del saber es que es general y que puede indicar los principios de lo que sabe. De aquí se sigue que el saber supremo es un saber a partir de los principios últimos y más generales.

En esta argumentación puede parecer poco plausible en especial la afirmación de que el saber es general. Normalmente se suele distinguir el saber del creer o del opinar; decimos de alguien que sabe algo y que no sólo lo cree, cuando su opinión es verdadera y él la puede fundamentar (acreditar).[3] En esta explicación está presente el punto de vista de la fundamentación, pero no el de la generalidad. Y sin duda diríamos que también se puede saber algo particular.[4]

Para comprender la explicación que da Aristóteles, hay que tener en cuenta que en este pasaje no habla del saber en contra-

---

1. *Cartesianische Meditationen*, pág. 52.
2. Este camino marca el curso de la argumentación al principio del capítulo segundo del libro primero de la *Metafísica*; el otro camino se encuentra en el capítulo primero. Cito a Aristóteles según la paginación de la edición de la Academia Prusiana, que figura en todas las ediciones y traducciones posteriores de Aristóteles.
3. Véanse ya Platón, *Teeteto*, 201c, y todavía Russell, *Problems of Philosophy*, cap. 13. Artículos recientes sobre el concepto de saber se encuentran en el volumen colectivo compilado por Griffiths, *Knowledge and Belief*.
4. Aristóteles no era de esta opinión (véase *Analíticos segundos*, A 33). Sin embargo, aquí podemos dejar de lado este aspecto del concepto platónico-aristotélico de ciencia, que no concuerda con la comprensión normal de la palabra.

posición al creer o al opinar. Desde la perspectiva de la distinción a la que Aristóteles apunta aquí, el opinar, el saber y el preguntar están en el mismo plano y se distinguen conjuntamente de una posibilidad cognitiva inferior a la que él llama «experiencia» (*empeiría*). En su introducción, Aristóteles no sólo distingue la filosofía de las formas «inferiores» del saber, sino que además la entiende como la posibilidad suprema del comportamiento cognitivo como tal.

En una reflexión que suena muy moderna, Aristóteles distingue tres niveles del comportamiento cognitivo[5] o de los componentes cognitivos del comportamiento. El nivel más bajo es la percepción. Por medio de ella, una persona o un animal reacciona a los estímulos de su entorno de acuerdo con un esquema de comportamiento dado. Un nivel cognitivo superior es el que Aristóteles llama la «capacidad de experimentar», y que la psicología moderna denomina «capacidad de aprender»: mediante la asociación aprendemos a partir de la experiencia. La percepción repetida de un fenómeno A junto a un fenómeno B tiene como consecuencia que, cuando sucede A, esperemos B o que aprendamos que, si hacemos B, alcanzaremos A, con lo cual formamos un nuevo esquema de comportamiento. Para Aristóteles, el tercer nivel cognitivo se da cuando entre A y B no se establece una asociación inarticulada, que simplemente se manifiesta en el comportamiento, sino cuando esta conexión queda destacada en sí misma en la opinión o el saber de que «si A, entonces B» o que «todos los A son B». Esta posibilidad no la encontramos en los demás animales, dice Aristóteles, sino sólo en el ser humano. Para aclarar esto, podemos añadir lo siguiente: sólo el ser humano dispone de un sistema de signos que permite formar frases condicionales («si... entonces») y universales («todos...»); esto se puede formular de una manera más incisiva: sólo el ser humano dispone de un lenguaje en el que hay frases singulares («este...»), y por tanto tam-

---

5. La expresión griega es *gnorizein, gnosis* («conocer»). En el capítulo de la *Metafísica* sólo aparece ocasionalmente (980a26), pero más a menudo en el texto paralelo *Analíticos segundos*, B 19, 99b38 y 100b4, y sobre todo en *De anima*, 427a21.

bién frases particulares («algunos...») y universales («todos...»), y sólo un ser vivo que dispone de ese sistema de signos puede distinguir entre hechos singulares, particulares y universales. También el hecho asociativo –la conexión entre A y B– ya es general, pero es una cuasi-generalidad que todavía no guarda una relación determinada con lo individual y en la que todavía no hay diferencia entre «todos...» y «muchos...». Con esto está relacionado el hecho de que en la «experiencia» lo general todavía no se destaca por sí mismo; el ser vivo se comporta sólo en correspondencia a algo, y sólo se relaciona con lo individual que está dado en la percepción. Por eso, Aristóteles sólo caracteriza como general al nivel cognitivo del saber. Una vez que lo general queda destacado como tal y está en una relación determinada con lo individual, se da una relación con lo general.

Aristóteles menciona la fundamentación como la siguiente característica del saber, a diferencia de la experiencia. Al parecer, la generalidad de una proposición universal forma parte de un contexto de fundamentación. A quien afirma «todos...» se le puede pedir una razón que lo justifique o se le puede llamar la atención sobre razones contrarias. En realidad, la referencia a la fundamentación no es una peculiaridad de las proposiciones universales, sino de todas las proposiciones asertivas, de todas las afirmaciones que pretendan ser verdaderas. Volveremos a esto más adelante. Por el contrario, lo que Aristóteles llama «experiencia», la facultad cognitiva que todavía no se articula en frases, aún no se refiere a razones y razones contrarias.

Cuando Aristóteles menciona junto a la generalidad la fundamentación como característica del saber, no está distinguiendo al saber del opinar, sino de la experiencia. Ciertamente, el saber también se distingue del opinar por el hecho de que quien sabe algo lo puede fundamentar, pero también quien sólo tiene una opinión sobre eso o pregunta por eso se encuentra en un contexto posible de fundamentación. No, por el contrario, quien conoce un hecho por asociación, sobre la base de la «experiencia».

La distinción de los tres niveles de la capacidad cognitiva que Aristóteles establece al principio de la *Metafísica* aún no está superada en el presente. Sin embargo, puede no parecer forzoso tener que construir la idea de una ciencia suprema precisamente a partir de las dos características que se derivan de esta distinción. Pero se puede llegar a la misma conclusión de una manera más directa en cuanto se admite tan sólo que la ciencia suprema no puede entenderse como una ciencia limitada. De aquí se desprende que ninguna ciencia limitada en su alcance o en su fundamentación puede considerarse suprema.

Vamos a detenernos un momento para averiguar qué podemos aprender de esta introducción de un concepto preliminar de filosofía para la pregunta antes planteada de cómo es posible introducir una concepción de la filosofía. Aristóteles obtuvo su concepto preliminar de filosofía partiendo en primer lugar de una manera dada de entender la palabra «filosofía» (o «sabiduría») y, en segundo lugar, de un aspecto determinado de esta comprensión, es decir, del hecho de que se entiende por «filosofía» la ciencia suprema, un saber eminente. El recurso a la tradición que yo llevo a cabo también es sólo una variante (ampliada con la dimensión histórica) de ese recurso a una manera de entender previa. Ahora bien, ¿es obligatorio el recurso a la comprensión previa de la palabra? ¿No podemos liberarnos de ella y elaborar otro concepto de «filosofía», tal vez más adecuado? Seguro que podemos elaborar otros conceptos de «filosofía», pero ¿qué quiere decir que podrían ser más adecuados? ¿Más adecuados a qué? Esto no sería más que una discusión sobre palabras. No hay un significado de una palabra que sea correcto en sí mismo. Al hablar de «filosofía», parece plausible referirse a la manera general y preliminar de entender la palabra, pero ésta no es sacrosanta, y cualquiera puede introducir otro significado a condición de que lo distinga claramente del habitual.

Esto puede parecer, a su vez, insatisfactorio. ¿Precisamente en lo que hay que entender por filosofía, en el punto decisivo de la argumentación, tendríamos que seguir expuestos a la arbitrariedad y a un relativismo ilimitado? ¿Cómo nos vamos a creer esto?

Si durante la reflexión filosófica se va a parar en una situación como ésta en la que nosotros nos encontramos ahora, hay que preguntarse si en realidad uno no piensa algo distinto de lo que cree pensar. Nosotros creemos saber que el sentido de «filosofía» no puede ser arbitrario, pero por otra parte se ve que es absurdo discutir sobre el significado correcto de una palabra. Por tanto, si nuestro sentimiento de que el sentido de «filosofía» no puede ser arbitrario es correcto en algún sentido, en realidad sólo puede ser el caso de que pensamos otra cosa. Tal vez, alguien me podría decir ahora: «Bueno, el error está en su procedimiento analítico. El significado de la *palabra* "filosofía" puede ser arbitrario, pero no el de qué *es* la filosofía».

Quien habla así no sabe lo que está diciendo. Pues mientras no esté fijado el significado de la palabra «filosofía», la pregunta de qué es filosofía no puede referirse a otra cosa que al significado de la palabra.

Así pues, probablemente, pensamos otra cosa cuando partimos de la idea de que el sentido de «filosofía» no puede ser algo arbitrario. Veamos qué pasaría con una pregunta como ésta en otra ciencia, por ejemplo, en la botánica. Aquí diríamos: naturalmente, es una cuestión de palabras que una temática científica determinada se llame «botánica», pero esta temática –el estudio de las plantas– *existe* con independencia de qué término empleemos para ella. Aquí se trata de algo dado, de un ámbito de objetos determinado. Por el contrario, la filosofía apenas tiene que ver con un ámbito de objetos determinado. Sin embargo, igual que en las ciencias decimos que *existe* un ámbito de objetos M, también en la filosofía podríamos declarar: «*existe* un "cómo" del saber determinado de esta y aquella manera», por ejemplo: «*existe*, al menos en la idea, un saber supremo, con independencia de que lo llamemos "filosofía" o de otra manera». Además, podríamos seguir diciendo: «*existe*, al menos en la idea, un saber de máxima generalidad y fundamentación última, con independencia de que lo llamemos "filosofía" o de otra manera». Pero esta salida del relativismo semántico conduce, como veremos, a un dogmatismo y, por tanto, de vuelta al relativismo: si a alguien que declara que entiende por «filosofía» otra cosa le decimos que se quede con la palabra «filosofía» y nos conformamos con decirle «pero de todos modos existe el planteamiento x», otros dirán «también existe el planteamiento y». Qué planteamiento adoptemos queda entregado de nuevo a la arbitrariedad.

Surge así una dificultad que en las otras ciencias no tiene equivalente: pues en ellas no tenemos que mostrar que no es arbitrario *adoptar* su planteamiento. Lo que en una ciencia está dado de antemano es simplemente el ámbito de objetos. Por el contrario, en la filosofía no pensamos en un ámbito de objetos determinado, sino en un *cómo* del saber o del preguntar, es decir, en una actividad determinada. La no arbitrariedad, la acreditación de una actividad, sólo puede consistir en la no arbitrariedad de la *motivación* de esa actividad. Si nos oponemos a que la palabra «filosofía» tenga un significado arbitrario, estamos diciendo según parece que la «filosofía» no puede referirse a algo para lo que haya una motivación arbitraria. El «hay», lo previamente dado aquí, no es el «hay» de un ámbito de objetos, pero tampoco simplemente el «hay» de una actividad, sino el «hay» de una motivación. Un concepto de filosofía hay que entenderlo como una propuesta a la que se pueden contraponer otras propuestas, y estas propuestas hay que entenderlas en primer lugar –y accidentalmente– como propuestas sobre cómo hay que entender la palabra «filosofía», y en segundo lugar –y esencialmente– como propuestas para adoptar un planteamiento determinado. De este modo hemos encontrado una respuesta a la pregunta de qué significa legitimar un concepto de filosofía no sólo históricamente, en relación con una manera dada de entenderlo, sino de manera absoluta. Introducir a alguien en la filosofía y en una concepción determinada de filosofía significa mostrar que la motivación de esta actividad es una motivación eminente frente a otros motivos.

Aristóteles ya lo vio así en su introducción. Su introducción conceptual va acompañada desde el principio por una introducción desde la motivación. Disfrutamos, dice su tesis, de lo cognitivo en tanto que tal, comenzando por la percepción y en especial por la visión; y cuanto más alto es el nivel cognitivo, tanto más lo apreciamos.[6] Para poder mostrar que lo que nos motiva es lo cognitivo en tanto que tal, Aristóteles cree tener que aislar lo cogni-

---

6. Aristóteles no fundamenta esto explícitamente aquí, donde sólo quiere exponer las opiniones existentes, pero sí en una elaboración anterior de la misma idea en el escrito perdido *Protréptico*, fragmento 7.

tivo del contexto del comportamiento.⁷ De ahí que la motivación suprema dentro de lo cognitivo corresponda al saber sin fines prácticos, a la teoría pura.⁸ Aristóteles se conforma aquí con aludir a las opiniones existentes; además, simplemente muestra que hay una motivación para lo cognitivo y que dentro de lo cognitivo la motivación suprema corresponde a la ciencia teórica y, finalmente, a la filosofía. Pero Aristóteles creía poder mostrar que la teoría pura es la actividad más deseable, la máxima posibilidad de dicha.⁹ Esta tesis se basa en dos premisas: primero, que la actividad más deseable es la que es autosuficiente e inmutable; segundo, que la teoría es la actividad a la que le corresponden estas características. Ninguna de estas dos premisas nos convence hoy, y no conozco otra argumentación que pueda presentar la motivación de la teoría pura en tanto manera de vivir deseable por sí misma como generalmente dada o generalmente vinculante.

Resumo. Primero, la introducción decisiva de un concepto de filosofía que proporcione no sólo una legitimación histórica y que no sea sólo relativa a una manera dada de entender la filosofía es una introducción desde la motivación. Segundo, la introducción aristotélica desde la motivación no es convincente. Si esto desprestigia al concepto preliminar de filosofía de Aristóteles o si para este concepto preliminar se puede realizar otra introducción convincente desde la motivación, lo discutiré con ocasión del tercer concepto central tradicional, que es el de razón (lección séptima).

Ahora tenemos que estudiar cómo llega Aristóteles desde el concepto preliminar de filosofía, de acuerdo con el cual la filosofía es una ciencia universal que radicaliza el punto de vista de la fundamentación, a su concepción determinada de la filosofía, de acuerdo con la cual la filosofía es la pregunta por el ser o por lo «ente en tanto que ente».

En *Metafísica*, I, 2, donde Aristóteles introduce el concepto preliminar, alude a una versión concreta de este concepto preli-

---

7. Véase ya 980a21-25.
8. 981b13 y ss., 982b11-983a11.
9. *Ética nicomáquea*, libro 10, caps. 7-8.

minar¹⁰ que sin duda es la platónica:¹¹ siguiendo el modelo de la geometría, cada ciencia es pensada como una teoría deductiva que *fundamenta* los conocimientos posibles en este ámbito de objetos deduciéndolos de las premisas supremas, *más generales*, de este ámbito de objetos, que son los axiomas de esta ciencia. Tanto la fundamentación como la generalidad que son posibles dentro de cada ciencia están limitadas: la fundamentación está limitada porque los axiomas, aceptados como hipótesis, no se pueden fundamentar; la generalidad está limitada al ámbito de objetos de que se trate. Desde esta perspectiva se puede construir la idea de una ciencia suprema cuya tarea sería derivar las premisas de las diversas ciencias, a su vez, de uno o varios principios supremos, a partir de los cuales –esto se exigió adicionalmente– también se tienen que derivar las premisas de todas las demás ciencias. De este modo se habría alcanzado una concepción concreta de la filosofía en relación con las ciencias que corresponde exactamente al concepto preliminar de Aristóteles: los puntos de vista de la generalidad suprema y de la fundamentación última confluyen en la idea de una ciencia que deduce todo el saber a partir de unos principios supremos (= las causas más generales).

Esta idea platónica de la filosofía como un sistema deductivo a partir de un principio supremo o principios supremos siguió teniendo un fuerte atractivo durante toda la historia de la filosofía hasta el idealismo alemán, con sus sistemas dialécticos. Sin embargo, Aristóteles ya rechazó por irrealizable esta idea de una ciencia universal con contenido, pues se basa en una teoría errónea de la ciencia. Según Aristóteles, las últimas premisas con contenido de las diversas ciencias son irreducibles, no se pueden derivar de ningún otro nivel.¹² Esta crítica se puede agudizar aún más desde una perspectiva moderna. Aristóteles estaba todavía de acuerdo con la concepción platónica de la ciencia como una teoría deductiva según el modelo de la geometría.¹³ Sin embargo,

---

10. Véase 928a24 y ss.
11. Véase Platón, *La república*, 510.
12. *Analíticos segundos*, A 9.
13. *Analíticos segundos*, A 2 y ss.

esta concepción está en contradicción con el concepto de una ciencia empírica que fundamenta sus conocimientos en cierto modo desde abajo, mediante la experiencia, y no desde arriba, a partir de premisas dadas. Si ya dentro de las ciencias el movimiento de fundamentación transcurre desde abajo hacia arriba y no desde arriba hacia abajo, queda excluida de antemano la idea de una radicalización de la fundamentación del contenido mediante la deducción desde más arriba todavía.

La concepción platónica de la filosofía era para Aristóteles la posibilidad más cercana de dar a su concepto preliminar un sentido concreto. Si no obstante llegó a la conclusión que esta concepción era irrealizable, pero quería mantener aún así su concepto preliminar, era necesario un nuevo enfoque que en el marco de este concepto preliminar determinara por principio de otra manera la relación de la filosofía con las ciencias. Este enfoque nuevo es el de la ontología.

Lección tercera

Ontología y semántica

Aristóteles no introduce su nueva concepción de la filosofía hasta el comienzo del libro cuarto de su *Metafísica*: «Hay una ciencia que contempla lo ente en tanto que ente...». Lo peculiar de esta ciencia en comparación con las otras ciencias es que cada una de éstas estudia un solo ámbito de lo ente, pero no en general lo ente en tanto que ente.[1] El concepto de lo ente es para Aristóteles eminente porque se trata del concepto más general.[2] Pues de todo se puede decir que es. De ahí que todo se pueda designar como ente.

Se ve que Aristóteles llega a su nueva concepción de la filosofía abandonando el punto de vista de la fundamentación en el concepto preliminar desarrollado al principio y fijando unilateralmente el punto de vista de la máxima generalidad. Éste conduce al concepto de lo ente. La ciencia suprema, eminente, llamada «filosofía», ha de ser universal, pero su relación con las otras ciencias no ha de consistir en fundamentarlas. Así pues, esta concepción conduce, al guiarse por el concepto de lo ente (*on*), a la concepción de la filosofía como ontología.

1. 1003a22-25, 1025b7-10.
2. 998b20-21.

Para comprender en qué consiste lo peculiar de esta concepción de la filosofía como ontología, es decir, del comienzo por el concepto de lo ente, podemos pensar en una reflexión equivalente acerca de un concepto de la filosofía moderna, del concepto de objeto. Cada ciencia se ocupa de un ámbito determinado de objetos, de objetos de un tipo determinado y un acceso específico. ¿Se puede decir que aún entra en la tarea de cada una de las ciencias tematizar su ámbito de objetos en tanto que tal y su manera particular de estar dado, que lo distingue de otros ámbitos de objetos? Esto es discutible. Como los conceptos que caracterizan al ámbito de objetos en tanto que tal y no forman parte de él son de una generalidad no sólo gradualmente superior que los conceptos que están dentro del ámbito de objetos, se puede decir que el ámbito de objetos en tanto que tal, por ejemplo el de la física, el del arte, el de la matemática, es tema de la filosofía de la física, de la filosofía del arte, de la filosofía de la matemática. Husserl llamó «ontologías regionales» a estas tematizaciones de los diversos ámbitos de objetos:[3] lo que cabe analizar es qué significa ser objeto de cada ámbito. Pero podemos ir más allá y preguntar: ¿qué significa, en general, hablar de un objeto, abstrayendo de su ámbito objetual respectivo? Así llegamos, igual que antes a la pregunta por lo ente en tanto que ente, a la pregunta por los objetos en tanto que objetos.

¿Se trata de dos preguntas análogas o se refieren las dos preguntas a lo mismo? Esto depende de si las palabras «lo ente» y «el objeto» significan más o menos lo mismo o no. Para nosotros, la expresión «lo ente» es un término técnico de la filosofía, pero los filósofos griegos tomaron la expresión *«on»* del lenguaje cotidiano:[4] como «ente» (*on*) es el participio del verbo «ser» (*einai*) y la palabra «es» tiene muchos sentidos, surgen dificultades de las que hablaré más adelante. Pero de momento podemos basarnos en la definición dada antes: todas y cada una de las cosas son lo ente, pues de todo se puede decir pertinentemente que es. Se podría poner esto en cuestión indicando que también parece haber

3. *Ideen zu einer reinen Phänomenologie*, I, § 9.
4. Véase ya Homero, *Ilíada*, I, 70.

cosas que no son, como los objetos de la fantasía. Pero a esto se puede responder de la siguiente manera: al decir que «hay estas cosas», se dice de ellas que son, y así parece que también los objetos que en cierto sentido no son sí que son en otro sentido.

¿Qué quiere decir la palabra «objeto»? También esta palabra es un término técnico en el sentido amplio en que la filosofía la emplea. En el lenguaje cotidiano tendemos a considerar objetos sólo a los objetos materiales, y en especial a los que no son personas, pero no a los acontecimientos, a las cifras y a los demás objetos abstractos, aunque también se hable del objeto de una discusión. Lo que la filosofía llama «objeto» tiene su base no en lo que el lenguaje cotidiano designa así, sino en lo que el lenguaje cotidiano quiere decir con la palabra «algo». Se podría decir que la palabra «objeto» se refiere a todo lo que es algo. Pero esta formulación es defectuosa desde el punto de vista lingüístico, pues la palabra «algo» no es un predicado, sino un pronombre indefinido. Lo defectuoso de esta manera de hablar se expresaría más drásticamente todavía si se dijera: «un objeto es un algo». Sin embargo, la filosofía tradicional ha hablado así muchas veces. Aristóteles, por ejemplo, acuñó para «objeto» la expresión «un eso» (*tode ti*). Tenemos que intentar evitar esas expresiones agramaticales, y con este fin no tenemos más remedio que recurrir con más fuerza todavía al transfondo lingüístico. Hay una clase de expresiones lingüísticas que se emplean para figurar por un objeto; y aquí podemos decir sin más: figurar por algo. Se trata de las expresiones que pueden funcionar como sujeto en los enunciados predicativos singulares y a las que en la lógica se denomina «términos singulares». La explicación del concepto de objeto mediante el recurso a los términos singulares ya se encuentra antes de la filosofía analítica. Así, Husserl establece la amplitud en que pretende que se entienda el concepto de «objeto» como «cada sujeto de posibles predicaciones verdaderas»,[5] y también Aristóteles definió su concepto de objeto mediante el de *hypokéimenon*, el del sujeto de predicaciones.[6]

5. *Ideen*, § 3.
6. *Metafísica*, VII, 3.

Pero lo que esto significa no está claro mientras no se indique qué hay que entender por un enunciado predicativo singular y por su sujeto. Se podrían distinguir los enunciados predicativos singulares de otros enunciados predicativos diciendo: son aquéllos cuyo sujeto es un término singular. Así pues, damos vueltas en círculo y necesitamos un criterio independiente para reconocer los términos singulares. El criterio podría ser este: una expresión X es un término singular si otra expresión la completa para formar una frase enunciativa de la que se puede derivar otra en la que X se sustituye por «algo» o «alguien».[7] De acuerdo con este criterio, «el número 3» es un término singular, ya que de la frase «el número 3 es más pequeño que el número 4» se sigue la frase «algo es más pequeño que el número 4», y ahora podemos explicar esto añadiendo: algo, en concreto aquello por lo que figura la expresión «el número 3». El modo de empleo de los términos singulares está relacionado con un sistema de expresiones pronominales que pueden ocupar su lugar (pro-nomina): «algo», «¿cuál?», «lo cual», «lo mismo», y podemos completar trivialmente cada uno de estos pronombres mediante la palabra «objeto» di-

---

7. Sigo aquí a Dummett, *Frege*, pág. 59. Tal como Dummett muestra (págs. 59-60), este criterio sólo proporciona una condición necesaria que hay que limitar más aún para que pueda ser una condición suficiente. En especial, la expresión «algo» o una expresión que contuviera «algo» u otro pronombre indefinido cumpliría este criterio. Por tanto, estas expresiones hay que excluirlas expresamente. Por el contrario, no sigo a Dummett en la opinión que también Strawson («Singular Terms and Predication», segunda parte) y Geach («On What There Is») sostienen contra Quine (*From a Logical Point of View*, pág. 13; *Word and Object*, pág. 240): que también los predicados se pueden sustituir por «algo». Más bien, habrá que decir: si lo que se expresó mediante un predicado es acogido por «algo», nos encontramos en lo que la lógica llama «lenguaje superior de predicación» y hablamos de un tipo superior de objetos, de los atributos. La prueba me parece consistir en que, cuando un predicado se sustituye por «algo» (lo cual apenas sucede en alemán), también se puede sustituir por «lo mismo». Dummett y Geach tienen razón al afirmar que «=» sólo se puede emplear en relación con objetos. Pero si «=» se puede emplear siempre que se emplea «algo», se sigue que, cuando «algo» ocupa el lugar de un predicado, propiamente ocupa el lugar de la designación atributiva objetual correspondiente.

ciendo en vez de «lo cual» «el cual objeto», en vez de «lo mismo» «el mismo objeto», y en vez de «algo» «algún objeto»; y si se emplea así la palabra «objeto», si su sentido resulta del empleo de estos pronombres o de los términos singulares que ellos sustituyen, la palabra «objeto» tiene el sentido amplio que la filosofía emplea. Volveré más adelante a la conexión estrecha de las palabras «algo» y «lo mismo». Pero ya aquí puedo indicar que en vez del criterio mencionado se podría emplear como criterio de los términos singulares el signo de identidad: una expresión es un término singular si puede figurar a uno y otro lado de «es lo mismo que» (o de «=»).[8]

La manera de hablar de «objetos» que hemos definido así, al parecer está en una relación inmediata con la noción de «lo ente». La tesis de que podemos decir de todo que «es» significa: sea algo lo que fuere, siempre es. De ahí que ya Aristóteles viera el concepto de lo ente no sólo en conexión con el de lo uno *(hen)*, sino también con el de «algo» *(ti)*, y esta conexión (que todo lo ente es algo y uno, y al revés) se mantuvo en la escolástica en los títulos *ens, unum, aliquid*.

¿Cómo se puede tematizar algo así como lo ente en tanto que ente, los objetos en tanto que objetos? ¿Dónde y cómo encontramos algo así? Seguro que no en la experiencia, pues aunque encontremos objetos en la experiencia, en ella no encontramos el objeto en tanto que objeto, la objetualidad, lo ente en tanto que ente, el ser. Tampoco lo obtenemos mediante la abstracción. Podemos comprender esto reflexionando sobre la peculiar certeza de la frase «Todo es un ente» o «Todo es un objeto». La certeza de esta frase no es meramente inductiva e hipotética, no la hemos obtenido mediante la comparación de muchos objetos y la abstracción progresiva. Pues en ese caso tendríamos que poder pensar que hubiera algo que hasta ahora no habíamos tenido en cuenta y que no podríamos denominar objeto. Pero esta posibilidad está excluida *a priori* porque, si eso es algo, es *eo ipso* un objeto.

---

8. Por supuesto, también en el caso de este criterio hay que excluir, como en el caso del criterio anterior, las expresiones que ya contienen pronombres indefinidos.

Así pues, no llegamos mediante la abstracción a aquello a lo que nos referimos con las palabras «un objeto» o «algo». Husserl aludió en este contexto a la diferencia entre «generalización» y «formalización»[9] y llamó «ontología formal» a la tematización del objeto en tanto que objeto, a diferencia de las «ontologías regionales».

Con la definición de la filosofía como ontología, la ciencia suprema en su relación con las ciencias particulares queda fijada de manera novedosa frente a la concepción platónica: la filosofía ya no abarca a las ciencias por su contenido, sino formalmente; en tanto que ontología, la filosofía tematiza lo que todas las ciencias presuponen formalmente, no los principios de los que se podrían derivar sus conocimientos. De este modo, Aristóteles destacó explícitamente por primera vez un ámbito temático, aunque en Platón ya estaba implícitamente presente. Está claro que este ámbito de lo formal es un ámbito del conocimiento apriórico, analítico (hemos visto que obtenemos los conceptos en cuestión de una manera no inductiva, no empírica), y también está claro que aquí comienza a perfilarse la delimitación de un ámbito *más estrecho* de lo analítico que echábamos de menos al exponer el carácter analítico de la filosofía.

Pues bien, ¿qué quiere decir «formalización» a diferencia de «generalización»? Husserl no lo explicó, y Aristóteles ni siquiera explicitó esta distinción. Provisionalmente, podríamos describirla de tal modo que presuponga un paso reflexivo: mientras que cada ciencia se ocupa de los objetos de un ámbito y de sus determinaciones, la temática de la ontología no se puede buscar en un supra-ámbito (¿dónde podría estar?); la única opción que queda entonces es que esta temática se alcanza al reflexionar sobre el modo de nuestra manera de referirnos a los objetos. Ese planteamiento no se ha desarrollado hasta la Edad Moderna, y esto explica por qué Aristóteles no tuvo ninguna posibilidad de emplear un concepto como el de formalización. Naturalmente, enseguida surge la cuestión de cómo nos referimos o nos podríamos referir a los objetos. *Una* posibilidad de ese tipo la he-

---

9. *Ideen*, § 13.

mos conocido antes en el intento de fijar el concepto filosófico de objeto: la referencia a los objetos mediante expresiones lingüísticas. Hay una clase determinada de expresiones lingüísticas que empleamos de tal modo que mediante ellas podemos referirnos a algo, a un objeto: los términos singulares. Y si sólo hemos podido indicar lo que se quiere decir con el concepto filosófico de objeto recurriendo a los términos singulares, a la palabra «algo» y a otros pronombres, tendremos que responder a la pregunta de cómo se puede tematizar algo así como la objetualidad de los objetos (o lo ente en tanto que ente) diciendo que sólo en la reflexión sobre el empleo de las expresiones lingüísticas correspondientes.

Desde la perspectiva lingüística podemos dar en todo caso un sentido determinado a la distinción de generalización y formalización. Lo que al explicar la generalización he llamado «abstracción progresiva» se basa en la circunstancia de que podemos subordinar los conceptos a otros conceptos más generales. Los conceptos son principios de clasificación, y a ellos les corresponden en el lenguaje los llamados «términos generales» o «predicados», a los que se podría denominar «expresiones de clasificación».[10] Una abstracción progresiva sería, por ejemplo, la serie de los predicados «bávaro», «alemán», «ser humano», «ser vivo», «objeto espacio-temporal». Aquí, cada predicado es más general que el anterior porque se puede aplicar a todos los objetos a los que se puede aplicar el predicado anterior, pero no viceversa. Se puede decir de cada uno de estos predicados o de su concepto correspondiente que es una expresión de clasificación o un principio de clasificación. De este modo hemos dicho algo completamente ge-

---

10. Propiamente, «predicado» es un concepto gramatical y sintáctico y no corresponde exactamente al concepto semántico de término general. En la frase «El caballo está cansado» hay sólo un predicado («está cansado»), pero dos términos generales («caballo» y «cansado»). Sin embargo, muchos filósofos analíticos (Strawson, por ejemplo) hablan de predicados cuando se refieren a términos generales, y yo me voy a adherir a esta manera impropia de hablar porque la manera correcta de hablar (que Quine, por ejemplo, emplea) es demasiado complicada porque no permite una modificación adjetiva («predicativa»), etcétera.

neral, pues vale para todos los predicados y conceptos. Pero al parecer no simplemente es gradualmente más general que cualquiera de los predicados o conceptos, por lo que ya no forma parte de una serie como la que acabo de exponer. Pues bajo la descripción «principio de clasificación» o «expresión de clasificación» quedan ahora los conceptos y predicados mismos, pero ya no los objetos que quedan bajo los conceptos o a los que se pueden aplicar los predicados.

A diferencia de los predicados antes mencionados, que se pueden aplicar a los objetos, obtenemos el predicado «expresión de clasificación» o el predicado «predicado» mediante una reflexión sobre el modo de empleo de estos u otros predicados cualesquiera, es decir, mediante la reflexión sobre el modo de empleo de un tipo de expresiones lingüísticas. Ahora bien, esto es, en principio, un procedimiento del mismo tipo que el que hemos empleado antes para llegar al predicado «término singular» o «expresión que figura por un objeto». Y la posición específicamente analítica consistiría aquí en que la noción de concepto sólo se puede explicar recurriendo al empleo de predicados, y la noción de objeto sólo recurriendo al empleo de términos singulares.

¿En qué medida hay que entender como formalización esta reflexión sobre el modo de empleo de las expresiones? Aquí es necesaria una breve alusión a ciertas distinciones de la lingüística. Es evidente que el concepto de forma está estrechamente relacionado con el de estructura. Nuestras expresiones lingüísticas están compuestas estructuralmente en dos planos: primero, en el plano de la composición de las unidades más pequeñas con significado –palabras o morfemas– a partir de fonemas; segundo, en el plano de la composición de las frases a partir de los morfemas. «Composición estructural» significa que la composición está regulada: las unidades menores no se pueden combinar arbitrariamente con otras, sino sólo en la medida en que sean elementos de clases determinadas. En el plano de la composición de las unidades con significado como frases hay dos perspectivas posibles. Primero, la perspectiva sintáctica, que investiga la composición exterior o «superficial» de las frases y no toma en consideración el significado de las frases y de las partes de las frases; aquí, las clases de las partes de las frases no se definen semánticamente, sino a partir del principio de «distribución», es decir, por la sustituibilidad de sus elementos entre sí, de modo que el resultado siempre tiene que ser una frase. Segundo, la perspectiva semántica concierne al significado de las expresiones lingüísticas. Puede tratarse o del significado de cada una de las palabras o de la cuestión de cómo el significado de una frase depende de los significados de sus partes. Hace sólo pocos años que la lingüística se ha interesado por este segundo planteamiento, el de la semántica estructural, mientras que dentro de la semántica filosófica ha sido el planteamiento decisivo desde Frege. Las clases de las partes de las frases a las que hay que recurrir en este planteamiento no son las clases de las partes sintácticas de las frases, ya que éstas no se pueden definir con independencia del significado. Son clases semánticas que están determinadas por la manera en que el significado de sus elementos contribuye al significado de una unidad mayor, en última instancia al significado de una frase, es decir, que están determinadas por el tipo de elementos de otras clases semánticas con que se pueden conectar. Como ejemplos de esas clases semánticas podemos mencionar tanto los términos singulares como los términos generales. El hecho de que la delimitación de los términos singulares sea tan complicada se debe a que no se trata de una clase definible sintácticamente, sino de una clase semántica que está determinada por el modo de empleo de las expresiones, por el modo de su contribución al significado de la frase. Estas dos clases semánticas también son un ejemplo sencillo de la conexión de los elementos de dos clases semánticas, ya que la conexión de una expresión que figura por un objeto con una expresión de clasificación tiene como resultado un enunciado predicativo (singular); más adelante nos ocuparemos detenidamente de cómo hay que entender esto más exactamente.

Se puede calificar de formal a cualquier tematización estructural de lo lingüístico, ya sea fonética, sintáctica o semántica. Por eso se puede distinguir entre la semántica de contenido y la semántica formal. La semántica formal adquiere su temática mediante una formalización, lo cual se refleja lingüísticamente sustituyendo las expresiones de contenido por símbolos, con el criterio

47

de que éstos figuren por cualquier expresión de una clase semántica. Gracias a esto, se puede indicar la forma semántica de una expresión compuesta utilizando, por ejemplo, para los términos singulares las letras «a», «b», «c», para los términos generales las letras «F», «G». Así se puede indicar la forma de una frase predicativa con un término singular (por ejemplo, «Pedro llora») mediante «Fa», y la de una frase predicativa con dos términos singulares (por ejemplo, «Pedro pega a Pablo») mediante «Fab».

Si fuera correcto que sólo podemos obtener y tematizar la categoría de objeto en una reflexión sobre las expresiones lingüísticas correspondientes, el sentido de la noción de formalización sería comprensible sin más, ya que no se trata de cualquier tematización de las expresiones lingüísticas, sino de una tematización de su forma semántica. Ustedes me podrían decir que yo acabo de describir de una manera sólo intra-semántica el significado de «formal» y de «formalización», destacándolo de las cuestiones semánticas de contenido, por lo que no es seguro que yo haya establecido así también la diferencia buscada de la formalización con respecto a la generalización, es decir, con respecto a las cuestiones objetuales de contenido. En efecto, hay que distinguir ambas cosas, pero están relacionadas entre sí. Esto se puede mostrar en la simbolización que acabo de exponer. El científico que estudia los objetos de un ámbito y sus determinaciones emplea (entre otras) frases de la forma «Fa», y con los términos singulares que ocupan el lugar de «a» se refiere a *objetos* determinados; por ejemplo, con la expresión «la Luna» se refiere a la Luna. El especialista en la semántica de contenido puede preguntar por el *significado* de esta y de otras expresiones. Si formalizamos lo que el científico (o cualquier otro usuario del lenguaje) hace cuando se refiere con este término singular a este objeto, si preguntamos qué significa en general referirse a un objeto y qué significa la noción de objeto («qué "es" un objeto en tanto que objeto»), esto lo hacemos de manera que formalizamos el planteamiento de contenido del semántico y preguntando por el significado formal de los términos singulares. La formalización objetual encuentra su sentido en la formalización semántica.

Si esa fuera la única posibilidad de entender el paso de formalización con que la ontología se constituye, ya habríamos mostrado que la ontología sólo se realiza en una filosofía analítica entendida como semántica formal.[11] Pero en este estadio de nuestra disquisición todavía no puedo afirmar tanto. Al discutir el concepto moderno de filosofía, el concepto de la filosofía llamada «transcendental», conoceremos otro tipo de reflexión en el que la referencia a los objetos no se entiende de manera lingüística; de la auténtica confrontación con esta concepción tradicional de la modernidad me he ocupado en la segunda parte de la obra (lecciones 20 y 27). Aquí sólo puedo decir lo siguiente. Primero, Aristóteles y toda la ontología premoderna no tenían ninguna posibilidad de hacer comprensible en qué se distinguen los conceptos formales que la ontología investiga respecto de otros conceptos. Segundo, el recurso a la semántica formal ofrece una posibilidad de hacer comprensible esta diferencia.

A ustedes les habrá parecido problemático que yo haya suplantado el concepto aristotélico de lo ente por el de objeto y que al final sólo me haya guiado por éste. La razón por la que he procedido así es que el concepto de objeto es más unívoco y que en él se pueden mostrar más claramente ciertos aspectos de la noción de lo ente. Pero de esta manera quedan ocultas algunas perspectivas esenciales de la ontología tradicional. Por eso tenemos que dirigirnos ahora a la noción de lo ente.

La dificultad de esta expresión es su conexión con la ambigua expresión verbal «es». De los diversos modos de emplear esta palabra, basta de momento que nos fijemos en dos. A veces, pero no muy a menudo (por ejemplo, en la frase «Dios es»), empleamos la palabra «es» con un término singular o con un pronombre y sin añadir una expresión predicativa. La palabra «es» tiene entonces el sentido de «existe». Un segundo modo de empleo, el más habitual en nuestras lenguas, es el de la llamada «cópula» en una frase predicativa (por ejemplo, «El cielo es azul»). Ahora bien hablamos de «lo ente», sólo parece estar en juego el empleo

---

11. Hay un bosquejo programático de la semántica formal en los artículos de Davidson «Truth and Meaning» y «Semantics for Natural Languages».

de «es» en el sentido de «existe», pues «lo ente» significa «algo que es», es decir, la palabra «es» se emplea aquí sin añadir una expresión predicativa. Así pues, mientras que la expresión «es» se emplea en muchos sentidos, la expresión sustantiva «lo ente» parece tener el sentido unívoco de «lo existente».

De ahí que nos tenga que sorprender cuando constatamos que Aristóteles se guía en su ontología sobre todo por el «es» en el sentido de la cópula. Y tanto más nos sorprenderá que entienda también este «es» como «es» de algo «ente»:[12] lo ente es aquello por lo que figura el predicado, o sea el «ser-siendo-así» del objeto.

Se podría intentar interpretar esto en un primer momento de una manera anodina: ¿por qué no puede el predicado de una frase como «El cielo es azul» figurar por algo, en este caso por el azul del cielo? Esta interpretación sería relativamente anodina porque *el azul* es de hecho un objeto (algo), y por tanto lo podríamos considerar también como un ente. Nuestro criterio para los objetos cuadra: la expresión «el azul» es un término singular. Pero al pasar de «el cielo es azul» a «el azul del cielo» hemos tenido que cambiar la forma de la expresión: el predicado «es azul» se ha transformado mediante una nominalización en el término singular «el azul», y como los términos singulares y los predicados son clases semánticas, este cambio gramatical tenemos que entenderlo al mismo tiempo como un cambio de la forma semántica. Mostraré más adelante que la forma nominalizada es secundaria desde el punto de vista semántico frente a la forma predicativa. No puedo presuponer esto aquí, pero tampoco necesito presuponerlo, pues en su discusión con Platón, el propio Aristóteles considera a objetos como el azul, es decir, a los objetos abstractos, no sólo secundarios, sino que simplemente los rechaza. Al margen de qué posición adopte uno frente al problema platónico de qué relación guarda el azul de un objeto con el azul en tanto que tal, Aristóteles rechaza no sólo éste, sino también aquél.[13] Para él, esos objetos abstractos no son, sino que sólo son los objetos concretos con sus determinaciones predi-

---

12. Véase en especial el comienzo del libro séptimo de la *Metafísica*.
13. Véase mi libro *Ti kata tinos*, §§ 5-6.

cativas. Sin duda, Aristóteles no tomó suficientemente en serio el complejo problema de los objetos abstractos. Por el contrario, tenía razón al rechazar la reducción de las determinaciones predicativas a objetos abstractos. Aunque reconozcamos objetos abstractos, a éstos les corresponden determinaciones predicativas.

Pero, ¿cómo hay que entender positivamente las determinaciones predicativas si no son objetos? Pienso que si se quisiera abordar este problema sin prejuicios se tendría que decir: si dividimos una frase predicativa singular en sus partes semánticas, ambos –el término singular y el predicado– tienen un significado, es decir, los comprendemos a los dos, pero sólo en el caso de uno –el término singular– esto está relacionado con el hecho de que figura por un objeto. Si sólo los términos singulares figuran por objetos, es natural que la temática sea de mayor alcance por el lado del lenguaje que por el lado de los objetos.

Sin embargo, Aristóteles desconocía un planteamiento explícitamente semántico. Por eso llama a las determinaciones predicativas en unos casos *onta* (lo ente), en otros casos *legómena* (lo dicho).[14] Esta indecisión se convirtió en la Edad Media en el punto de partida de la disputa sobre el nominalismo. Como Aristóteles no percibió la dimensión semántica, objetualizó el significado de los predicados aunque se oponía a entenderlos con Platón como objetos independientes. Así se produjo una ampliación peculiar del concepto de lo ente (*on*). Este concepto, junto con los conceptos de lo uno y de algo, es más amplio que el concepto de objeto (*tode ti*).

El título «ontología» empieza a confundir. Tendría un sentido unívoco al introducirlo, como yo he hecho al principio y como se suele hacer en la filosofía analítica, partiendo del concepto de objeto, o también partiendo del concepto de ser, en el sentido de existir. «Ontología» significa entonces «teoría del objeto». Por el contrario, la introducción de la ontología por Aristóteles, que es determinante para la tradición, contiene una tensión irresuelta en la tradición. Esta tensión es la consecuencia de que Aristóteles se

---

14. Véase, por ejemplo, 1045b30-31.

guíe tanto por la fórmula objetual «lo ente en tanto que ente» como por la forma verbal «es»; por esta forma verbal se guía incluso donde no se trata del ser en el sentido de la existencia, es decir, donde no se trata de un «es» de lo ente. Al quedar, no obstante, predominante la fórmula «lo ente en tanto que ente», la consideración formalizadora, que en principio conduce más allá de la limitación a la problemática del objeto, es reconducida a una terminología objetual. La ontología aristotélica sobrepasa a la teoría formal del objeto en dirección a una semántica formal, pero de tal modo que lo que se muestra así es malinterpretado desde la perspectiva de la teoría del objeto debido a la falta de una consciencia de la dimensión semántica.

Si contemplamos, pues, la elaboración tradicional de la idea de una disciplina filosófica fundamental como ontología –que está determinada esencialmente por Aristóteles– desde una perspectiva analítica (que reflexiona sobre el significado de las palabras), esa elaboración se revela insuficiente desde los dos puntos de vista establecidos en el concepto preliminar de filosofía por el propio Aristóteles. *Primero,* por cuanto respecta a su fundamentación: a la disciplina aristotélica formal, que se guía por el objeto, le falta un fundamento de reflexión, y ese fundamento –todavía no sabemos si es el único posible– lo proporcionaría una semántica formal. *Segundo,* por cuanto respecta a su alcance: la pretendida universalidad sólo podía ser convincente mientras se seguía la orientación por los objetos. Pero la orientación a todo, es decir, a todos los objetos, resulta a su vez limitada en cuanto se pone la atención en el ámbito mismo de lo formal. La perspectiva de los objetos corresponde entonces sólo a una forma semántica más.

Tengo que subrayar especialmente dos aspectos de esta crítica de la ontología desde la perspectiva analítica. Primero, la crítica no procede de fuera. Ambos defectos representan dificultades inmanentes. La perspectiva analítica no hacía falta para sacarlos a la luz, sino para corregirlos. Segundo, esta crítica tiene una repercusión positiva sobre la pregunta del análisis del lenguaje por su propia concepción de la filosofía. Pues no hemos acometido la confrontación con las concepciones tradicionales fundamentales sólo para distinguir de ellas la concepción analítica de la filosofía, sino para obtener esa concepción una vez que comprendimos que para eso no basta con guiarse por el análisis del significado. Desde este punto de vista, hasta ahora parece perfilarse esta posibilidad: podemos seguir a Aristóteles en su bosquejo de un concepto preliminar de filosofía (con las reservas sobre la motivación expuestas en la lección anterior). También podemos seguirle en la transformación de su concepto preliminar en la concepción de una disciplina filosófica fundamental que no fundamenta deductivamente el saber de las otras ciencias, sino que tematiza lo que todas ellas presuponen formalmente. Y ahora sólo tenemos que concentrarnos en los dos puntos débiles de su concepción de la ontología con una actitud dispuesta a reflexionar sobre el significado de las expresiones lingüísticas, y así descubrimos que la ontología tradicional señala por sí misma más allá de sus límites en dirección a una nueva concepción de la ciencia formal que está a la base de todas las ciencias: la semántica formal. La semántica formal es, por una parte, una empresa de análisis del lenguaje: es semántica, analiza el significado de las expresiones lingüísticas. Por otra parte, la semántica formal es formal en el mismo sentido en que la ontología lo era, y como corrige los puntos débiles de la ontología que ésta no podía corregir de manera inmanente, puede presentarse como su sucesora legítima.

La superioridad de la semántica formal sobre la ontología formal desde la perspectiva de la propia idea de filosofía de Aristóteles podemos comprenderla también de otra manera, partiendo no de los puntos no aclarados de la ontología, sino ya del paso que condujo a Aristóteles de las ciencias particulares a la ciencia formal. Pues si construimos la filosofía como ciencia suprema de tal manera que pasemos de las ciencias a lo que es común a todas ellas en generalidad formal, no resulta plausible que eso sólo pueda ser la objetualidad. En la ciencia, como en cualquier otro ámbito, no nos referimos simplemente a los objetos, sino al menos siempre haciendo enunciados predicativos sobre ellos. Pero la mayor parte de los enunciados de la ciencia (por ejemplo, los que formulan leyes que rigen procesos naturales) no contienen términos singulares y se refieren a los objetos sólo de una manera indirecta. Por tanto, ¿no es coherente que no se limite la consideración formalizadora a los términos singulares, sino que se la extienda a las frases enteras y a todas las formas de frase?

Además, hay que tener en cuenta que la ontología se disuelve y se conserva por completo en la semántica formal. Esto no vale sólo para las partes de la ontología tradicional en las que algo se objetualizó sin razón, es decir, las determinaciones predicativas. También vale para la teoría del objeto, que ahora resulta ser una parte de la semántica formal.

Sin embargo, hasta ahora no ha quedado claro si esta nueva concepción de una disciplina formal fundamental tiene una pregunta fundamental unitaria, igual que la ontología la tenía en la pregunta por lo «ente en tanto que ente». Así que provisionalmente sólo tenemos un campo temático ampliado; no está claro todavía si este campo se articula en torno a una pregunta central. Me ocuparé de esta dificultad en la siguiente lección.

Hoy sólo voy a intentar aliviar el *shock* que ustedes tal vez hayan sufrido cuando he afirmado que la ontología se conserva en la semántica. Aunque ustedes admitan que guiarse por la forma de las expresiones lingüísticas abre una temática más amplia que la de la ontología, probablemente objetarán que la nueva temática es lingüística y ya no se encuentra en la dimensión de la ontología, en la dimensión de la «realidad».

Aquí se repite la misma oposición a la filosofía analítica que ya habíamos visto en otro contexto en la lección primera: el lenguaje, se dice, es algo sólo subjetivo, y si trasladamos la ontología, que tiene que ver con la *realidad*, al análisis del lenguaje, se pierde lo principal aunque se añadan otras cosas.

Pienso que en las objeciones de este tipo, aunque procedan de filósofos, se infiltra inadvertidamente un motivo pre-filosófico, una reserva como la que las personas no familiarizadas con la temática filosófica suelen sentir ante la filosofía. Tenemos que replicar preguntando de qué manera la ontología tiene que ver con la «realidad». Ciertamente, no será del mismo modo que las ciencias, pues la ontología no tiene que ver con objetos. La objetualidad misma no es algo real, como un objeto.

Pero ustedes podrían preguntarme: aunque la objetualidad no sea algo real, ¿no es la realidad de lo real?, y ¿no se pierde ésta en la reflexión sobre lo meramente lingüístico?

Sólo más adelante elaboraremos poco a poco las categorías que nos permitan discutir adecuadamente estas cuestiones. Hasta ahora apenas he abordado la esencia de lo lingüístico, por lo que todavía no estamos en condiciones de reconocer que es un error hablar de lo «meramente lingüístico», del lenguaje como un mero medio entre nosotros y la realidad. En el estadio actual de nuestra argumentación tiene que bastarnos que la opinión de que la realidad de lo real no se puede captar en la reflexión sobre el uso lingüístico expresa una mera sensación; pues si pretendiera ser más que eso, tendría que explicar cómo podría estarnos dada la «realidad» de otra manera que en el uso lingüístico. Tendremos ocasión más adelante de abordar críticamente esa alternativa positiva (pág. 90s).

De todas maneras, sería un error decir que el giro semántico borra la diferencia entre el objeto y el significado. Sucede exactamente lo contrario. Fue la vieja ontología quien borró esta diferencia y entendió objetualmente el significado de una expresión lingüística a falta de otros criterios. En cambio, desde la perspectiva semántica no hay razón para hacer lo contrario, es decir, descuidar al objeto por el que la expresión figura en beneficio de su significado. Todas las expresiones lingüísticas que comprendemos tienen, en la medida en que las comprendemos, un significado, y una parte de estas expresiones, los términos singulares, figuran por objetos. Presumiblemente, una expresión sólo puede ejercer esta función de figurar por un objeto debido a la manera en que la comprendemos, o sea debido a su significado. Si eso es correcto (más adelante lo estudiaremos en detalle), no se puede tematizar la objetualidad de los objetos con independencia del significado de los términos singulares. Sin embargo, esto no significa que el objeto por el que la expresión figura y su significado coincidan. La dimensión de la objetualidad no pierde nada a causa de la perspectiva semántica, sino que ésta le añade algo que la hace comprensible.

Si pasamos de los términos singulares a las frases completas (o a otras expresiones parciales), ya no podemos decir sin más de éstas que figuran por objetos, aunque tengan significado. Aquí desaparece, en efecto, la dimensión de los objetos, por lo que surge la impresión de que ya sólo se trata de lo «meramente lingüístico». Pero aquí lo lingüístico no es el mero signo; es lo que uno comprende y lo que muchos pueden comprender de la misma manera. Así que no se trata de algo subjetivo. De momento sólo me importa que ustedes mantengan esta comprensión en el enigma de su familiaridad y no cedan a la tentación de encajarla a la fuerza en las categorías habituales.

He insistido en las resistencias que presumo en ustedes contra una semántica formal como ontología ampliada porque pienso que son las mismas que ya impidieron también a la propia ontología tradicional desplegarse como semántica formal. Todos los planteamientos decisivos de la ontología griega resultaron de una reflexión semántica, y sin embargo cada planteamiento conducía a una reinterpretación objetualizadora que ocultaba la dimensión lingüística de la reflexión. Así, *Parménides* torció el problema del ser y del no ser haciendo de él un problema de lo ente y lo no ente, con la consecuencia grotesca pero coherente de que sólo hay un único ente inmóvil, pues con lo no ente también estaba excluido el no ser.[15] *Platón* descubrió por primera vez, en la reflexión sobre las cuestiones de definición, los significados de los predicados, y en su teoría de las ideas los objetualizó como entes suprasensoriales. Por último, *Aristóteles* partió de la forma de la frase predicativa singular y, no obstante, elaboró sobre esta base una ontología objetual.

¿Qué es lo que impide a la ontología tradicional y nos dificulta a nosotros abordar la dimensión semántica en tanto que tal? ¿A qué se debe que involuntariamente reinterpretemos en sentido objetual la comprensión no objetual de las expresiones lingüísticas? Se debe sin duda a que, cuando hablamos *de algo*, se trata por definición de un objeto.

De ahí que sólo podamos dirigirnos temáticamente a los objetos, mientras que la comprensión es en su esencia no temática. Si

---

15. He interpretado la situación particular en Parménides en mi artículo «Das Sein und das Nichts».

queremos abordar el significado de nuestras expresiones, nos encontramos ante dificultades particulares: el significado no es aquello a lo que nos dirigimos de una manera natural; así que tenemos que llevar a cabo una reflexión que refrena nuestra dirección natural. Y, además, tenemos que procurar no objetualizar, a su vez, lo que abordamos en esta reflexión. Cuando digo «lo que abordamos en esta reflexión», ya hay una objetualización en las palabras «lo que». ¿Y no hay objetualización cuando hablamos de «el significado» de una expresión? En efecto, y veremos más adelante en qué medida esta manera de hablar es impropia.

Lección cuarta

¿Tiene la semántica formal una pregunta fundamental?

Como Aristóteles se guió no sólo por la expresión «lo ente», sino también por la expresión «es/ser», la ontología tradicional va más allá de una mera teoría del objeto o de la sustancia. Este avance ya pertenece al campo más amplio de una semántica formal. Si nos preguntamos por qué Aristóteles acogió en su temática formal además de los objetos precisamente también a las determinaciones predicativas, tendremos que contestar: porque las determinaciones predicativas, aun no siendo objetos, son al menos determinaciones de objetos. Así pues, el hecho de guiarse por la categoría de objeto, que determina toda la filosofía tradicional, influyó también en la decisión de Aristóteles de qué forma semántica no objetual iba a tratar adicionalmente.

Si consideramos como ciencia formal universal a la semántica formal en vez de a la ontología, tenemos que preguntarnos si la temática formal así ampliada aún está articulada de alguna manera unitariamente, de modo que también aquí se pueda formular una pregunta fundamental unitaria.

La pregunta fundamental de la ontología dice así: «¿qué es lo ente en tanto que ente?». Es evidente que esta formulación de la pregunta es una solución de compromiso, pues está planteada como si preguntara por el ser-qué de un objeto. De ahí que yo la haya reformulado ya bajo mano de manera que pregunte qué significa la noción de objeto (o de lo ente). Ya así, la pregunta está formulada semánticamente, pero su auténtico equivalente semántico es la pregunta: «¿cómo podemos referirnos con expresiones lingüísticas a los objetos?». Esta pregunta conduce –como hasta ahora podamos conjeturar (véase pág. 51)– a la pregunta: «¿en qué consiste el significado de un término singular?»; y si no queremos hablar objetualmente de un significado, podemos formularla así: «¿qué significa comprender un término singular?». Si ampliamos el ámbito de la temática formal más allá del ámbito de los términos singulares, podemos preguntar de manera análoga para cada clase semántica: «¿qué significa comprender una expresión de esta forma?». La formulación «¿qué significa comprender?» no es completamente clara. Pero en el estadio actual de nuestra disquisición podemos conformarnos con una fórmula interrogativa que sólo contiene una indicación vaga de lo que buscamos. Todavía no sabemos con qué medios categoriales podemos tematizar de una manera adecuada algo así como la comprensión de las expresiones lingüísticas. De ahí que la clarificación de cómo hay que formular adecuadamente esas preguntas por la comprensión de expresiones de formas determinadas o por la comprensión de estas formas es una tarea que ya forma parte del desarrollo de la semántica formal.

La pregunta de qué significa comprender una expresión de una forma semántica o la forma de esta expresión podemos denominar la pregunta formalizada por el significado. Esta pregunta guarda con las preguntas por el significado o por la comprensión de una expresión determinada de esta forma una relación análoga a la relación que la consideración de lo ente en tanto que ente guarda con la referencia a un ente individual. Así pues, parece que podemos designar esta pregunta como la pregunta semántica fundamental que equivale a la pregunta ontológica fundamental. Además, con esta pregunta por la estructura de nuestra comprensión lingüística hemos obtenido una respuesta a la pregunta por una reflexión más ajustada y fundamental sobre nuestra comprensión, que aún nos faltaba en la primera lección al intentar definir una concepción analítica de la filosofía. A diferencia del amplio ámbito de lo apriórico, de la clarificación del significado, aquí nos encontramos en un ámbito de reflexión más restringido, en el cual hay que esclarecer las estructuras de la comprensión que ya están presupuestas y entendidas en toda comprensión de las expresiones lingüísticas particulares. Al definir la temática de la filosofía mediante este ámbito de reflexión de la semántica formal, incluimos la tesis de que todos los conceptos específicamente filosóficos están relacionados con el esclarecimiento de las estructuras semánticas.

Pero precisamente si queremos entender la pregunta por la forma semántica como reflexión sobre los presupuestos comprensivos de toda comprensión lingüística, no podemos conformarnos con que esta pregunta se descomponga en tantas preguntas como formas semánticas pueda haber. Por consiguiente, desde este punto de vista la formulación de la pregunta por la forma semántica todavía no equivale a la pregunta ontológica fundamental, pues hablar de *la* pregunta por la forma semántica oculta que en realidad se trata de varias preguntas. ¿Qué relación guardan estas preguntas entre sí?

Un primer paso se ofrece de inmediato: la forma de las expresiones de una clase semántica está determinada por el tipo de expresiones de otras clases con las que se pueden combinar y por la manera en que el significado de las expresiones contribuye al significado de las expresiones compuestas que surgen así (pág. 43). Por tanto, la forma semántica de una clase de expresiones parciales siempre es un momento abstracto de la estructura de las expresiones complejas correspondientes. Ahora bien, lo esencial de la composición estructural es que conduzca a formaciones que ya no son, por su esencia, partes de un todo, sino esencialmente todos de partes. En el ámbito lingüístico, estas unidades autónomas son las frases; mejor dicho –aunque esto no deja de ser problemático–, podemos definir las frases como las expresiones lingüísticas que, aun formando parte de unidades lingüísticas mayores, ya no se pueden entender como miembros de una estructura sintáctica o semántica mayor (lo cual no excluye que algunas de sus partes, como los pronombres personales, remitan a expresiones parciales de otras frases).¹ Así pues, la frase se presenta como la unidad primaria de significado. Ciertamente, también podemos entender partes de frases, pero las entendemos como partes de frases; y sólo se puede dar a entender algo con una frase, no con una palabra ni con otra parte de una frase (salvo en el caso de que ésta frase sea una elíptica).

De aquí se sigue que la pregunta por la forma semántica de una clase de expresiones dependientes (como, por ejemplo, los términos singulares) siempre hay que entenderla como una parte de la pregunta por la forma semántica de la frase correspondiente (en este caso, de la frase predicativa). Las preguntas por las formas semánticas de las diversas clases de expresiones parciales encuentran su cohesión, por tanto, en las preguntas por las formas semánticas de las frases.

Como hay varias formas de frases, surge de nuevo en este plano la dificultad de si en la semántica formal no hay sólo muchas preguntas similares, sino una pregunta unitaria. ¿Se descompone nuestra comprensión de las expresiones lingüísticas en la comprensión de diversas formas de frases o hay una conexión interior entre estas formas de frases? ¿Hay algo así como una forma general de todas las frases que se especifica en las diversas formas particulares de las frases? Parece claro que esta cuestión no se puede resolver de antemano, sino sólo llevando a cabo realmente los análisis de la semántica formal. Pero igualmente claro parece que los análisis se tienen que guiar por esta cuestión si no queremos que diversas formas de comprensión yuxtapuestas permanezcan inconexas. Por tanto, la semántica formal tiene una pregunta fundamental al menos hipotéticamente: la pregunta por la forma de todas las frases o por la conexión de todas las formas de frase, una pregunta que también podemos formular así: «¿qué significa comprender una frase?», y esta pregunta es la que equivale a la pregunta de la ontología por lo ente en tanto que ente.²

---

1. Véase Lyons, 5.2.
2. Podría parecer extraño que el equivalente semántico de la pregunta ontológica fundamental pueda renunciar a las palabras «en tanto que», o sea que no tengamos que formular «¿qué significa comprender una frase en tanto que frase?». Aristóteles tuvo que introducir la formulación «en tanto que» sólo

Lo único que ya podemos hacer en el estadio actual de nuestra disquisición para preparar la respuesta a esta pregunta fundamental es investigar si la ontología tradicional no contendrá tal vez ya una cierta visión de algo que es común a todas las frases. Quizás a ustedes les parezca absurdo tan sólo la sospecha de que exista una tal perspectiva, pues las frases aún no formaban parte de la temática de la ontología. Pero hemos visto que la ontología es una disciplina ambivalente, una de cuyas tendencias –aunque ésta quede bloqueada por la contraria de la teoría del objeto– remite a una semántica formal. Por tanto, podemos conjeturar que la ontología ya contuvo también una visión de la forma de las frases, tanto más porque Aristóteles se guió en su ontología muy esencialmente por el concepto de *logos*, mejor dicho: de *logos apophantikós*, de la frase enunciativa. Esta orientación por la frase enunciativa estaba relacionada con la tematización del «es» copulativo. La interpretación aristotélica de todas las frases predicativas (singulares) con un predicado verbal (por ejemplo, «un hombre convalece») como frases con cópula y participio (por ejemplo, «un hombre es convaleciente»)[3] implica que Aristóteles se refiere con la cópula a la forma verbal indicativa o, en general, a la forma de la composición de las frases predicativas. Sin embargo, esta perspectiva a la forma de la frase no se impuso porque el interés se dirigió enseguida a lo «ente», a los contenidos predicativos. Pero, sobre todo debido a la orientación por lo «ente», la forma predicativa singular seguía siendo la única forma de frase que la ontología tomó en cuenta, y también esta frase misma fue interpretada unilateralmente –en parte debido a la orientación por «es» y en parte por dejarse guiar por las determinaciones de los objetos– como compuesta del término singular y el predicado. No se vio la posibilidad, que llegó a ser decisiva para la lógica re-

---

porque formuló la pregunta objetualmente. Esto hizo necesario excluir el malentendido de que la ontología estudia lo ente en el sentido de los entes individuales, de los objetos individuales. En cuanto se formula semánticamente la pregunta ontológica «¿qué significa la noción de "lo ente"?», ya no se puede producir ese malentendido y la formulación «en tanto que» ya no hace falta.
3. 1017a27-30.

lacional moderna, de entender frases como «Pedro golpea a Pablo» también como la combinación de un «predicado» referido a dos lugares (es decir, de una expresión de clasificación: «...golpea...») con un par ordenado de términos singulares («Pedro», «Pablo»). Aristóteles en parte no percibió las otras formas de las frases enunciativas (como las frases complejas) y en parte las consideró irrelevantes ontológicamente porque no expresan enunciados sobre un objeto (como las frases generales).

Así pues, de estos rudimentos para una teoría de la forma de la frase predicativa no se puede extraer una perspectiva para la pregunta por lo común a todas las formas de frase, pues sólo tratan de una forma de frase. Y, sin embargo, Aristóteles dio en algunos pasajes con aspectos formales que, aunque sólo los expuso como aspectos formales de la frase predicativa, se ve inmediatamente que valen también para otras frases. Uno de esos pasajes es el de la problemática del principio de no contradicción y del principio del tercero excluido. La manera en que Aristóteles trata estos «principios más generales» es interesante en nuestro contexto desde dos puntos de vista.

En primer lugar, a Aristóteles le resulta difícil relacionar sistemáticamente la exposición de estos principios con la temática de la ontología, de la teoría de las sustancias. En efecto, la exposición de estos principios no forma parte de la teoría del objeto. Aristóteles justifica que él la quiera tratar no obstante en la ontología diciendo que esos principios están a la base de todas las ciencias.[4] Así que él mismo se encontró aquí con bases formales de las ciencias que no se pueden entender de manera objetual. En ningún lugar queda más clara que aquí la tensión de la ontología aristotélica entre la teoría del objeto y la semántica formal. Por una parte, Aristóteles era lo bastante poco dogmático para situar el tratamiento de estos principios por su carácter formal-universal en el contexto de la pregunta por lo ente en tanto que ente; por otra parte, la exposición de estos principios en el libro cuarto no guarda ninguna relación sistemática con el resto de la problemática de la *Metafísica*.

---

4. 996b26-997a15, 1005a19-b5.

En segundo lugar, es interesante que Aristóteles presente ambos principios sólo en relación con la forma de los enunciados predicativos singulares. Así, el principio de no contradicción se convierte en: «es imposible que una misma determinación predicativa corresponda y no corresponda al mismo tiempo a un objeto desde el mismo punto de vista».[5] En otros lugares, Aristóteles formula así: «es imposible que (algo) sea y no sea al mismo tiempo».[6] Si se entiende el «es» de esta formulación como cópula, esta formulación es idéntica a la anterior. Pero también se puede entender este «es» en el sentido del «es» que se puede anteponer a cada frase enunciativa para decir, por ejemplo, en vez de «llueve» «es el caso que llueve», o en vez de «no llueve» «no es el caso que llueva». Si nos guiamos por este uso de «es», la última formulación mencionada del principio de no contradicción tendría este sentido: «es imposible que algo sea el caso y al mismo tiempo no lo sea». Tal vez podamos decir provisionalmente que en este «es» antepuesto se expresa la forma afirmativa de una frase enunciativa, y en el «no es» la forma negativa. A esta interpretación le correspondería la siguiente reformulación de la última formulación mencionada del principio de no contradicción: «es imposible afirmar algo y al mismo tiempo negarlo».

¿Por qué es imposible? Aristóteles nos da una respuesta a esta pregunta. Naturalmente, no es imposible pronunciar esa frase; pero sí es imposible decir algo con ella, dar algo a entender.[7] Se puede explicar esto de la siguiente manera: si afirmamos y negamos algo, es como si al jugar al ajedrez hacemos un movimiento y lo anulamos, o como si tiramos algo y lo recogemos.[8] En estos casos, no hemos hecho nada en el ámbito de acción relevante. Aristóteles indica que el principio de no contradicción sólo se puede fundamentar indirectamente, mostrando que quien lo niega hace imposible el lenguaje, el dar a entender algo. Como esta fundamentación no se basa en la forma especial del enunciado

---

5. 1005b19-20.
6. 1006a3.
7. 1006a21-22. La palabra griega para «dar a entender» es *semainein*.
8. Véase Strawson, *Introduction to Logical Theory*, págs. 2-3.

predicativo, sino en el aspecto formal más general de la afirmación y la negación, el propio Aristóteles sugiere que entendamos el principio de no contradicción en esta versión más general. Pero, ¿hasta qué punto es general?

Si la versión más general vale para todas las frases cuya forma afirmativa o negativa se puede expresar anteponiendo «es» o «no es», está claro que vale para todas las frases enunciativas. Un criterio para distinguir las frases asertivas o enunciativas de las demás frases lo encontramos de nuevo en Aristóteles, pero no en la *Metafísica*, y este criterio ha sido determinante desde entonces. Consiste en si se puede considerar verdadera o falsa a la frase, a lo que se dice con la frase.[9] Mediante este criterio se distinguen las frases enunciativas de las frases en otros modos gramaticales, como las frases imperativas, desiderativas, interrogativas, etcétera. A diferencia de este criterio semántico se podría caracterizar las frases enunciativas mediante el criterio sintáctico de la forma verbal indicativa, pero estos dos criterios no se corresponden: hay varios tipos o modos de empleo de las frases indicativas en los que no se dice algo que se pueda considerar verdadero o falso, por lo que no se puede considerar frases enunciativas a estas frases. Por ejemplo, en muchas frases en primera persona del futuro de indicativo (como «iré») no se expresa una predicción que se pueda revelar verdadera o falsa, sino un propósito.

Si tiene sentido hablar de la forma general de las frases enunciativas, tenemos que poder simbolizar estas frases de una manera general; y si el principio de no contradicción vale para todas las frases enunciativas, hay que poder formularlo mediante esta formalización. A partir de ahora emplearé, como es habitual en la lógica, las letras «p», «q» y «r» como símbolos de cualesquiera frases enunciativas. Llegamos así a la formulación que hoy es habitual del principio de no contradicción: un enunciado de la forma «p y no-p» es imposible (necesariamente falso).

Si caracterizamos como verdadero o falso lo que se dice con una frase «p» (por ejemplo, «llueve»), lo expresamos empleando la formulación «que p», por ejemplo «es verdad que llueve».

---

9. *De interpretatione,* cap. IV.

Este «que» ya estaba presente en la formulación con el «es» antepuesto, y ahora podemos constatar fácilmente que en el caso de cualquier frase «p» que se pueda transformar en la frase equivalente «es el caso que p» también podemos decir «es verdad que p». Por tanto, el alcance del empleo de ese «es» antepuesto es igual pero no mayor que el del empleo de las frases enunciativas. Si es correcto que en el «es» o «no es» antepuesto se expresa la forma afirmativa o negativa de las frases enunciativas, podríamos decir ahora que el principio de no contradicción se basa en esta forma general de las frases enunciativas. El auténtico resultado para nuestra pregunta por una forma unitaria de frase sería, por cierto, que aquí se perfila una forma general, aunque no de todas las frases, pero sí de todas las frases enunciativas. Pero, ¿no va la diferencia de afirmación y negación más allá del empleo de ese «es» o «no es» antepuesto? ¿No afecta a las frases imperativas y a las frases desiderativas igual que a las frases enunciativas? ¿Y no tendríamos que esperar una forma más general del principio de no contradicción, que aún va más allá del ámbito de las frases enunciativas? Por supuesto, más importante que esta pregunta sería para nosotros la pregunta de si aquí no se perfilará tal vez una forma general de todas las frases.

Antes de abordar esta pregunta, lo cual sucederá en la próxima lección, tenemos que consolidar lo que hemos alcanzado hasta ahora. Hoy sólo ha querido avanzar con la pregunta por una forma general de frase en la medida en que se puedan encontrar indicios de ella en la ontología tradicional. Si mis reflexiones hasta ahora sólo se han podido basar en el tratamiento aristotélico del principio de no contradicción, tienen una base bastante limitada en su ontología. Como la ontología se guía por la palabra «es», habría una base más sólida si ese «es» antepuesto en el que he basado mis reflexiones estuviera presente en el propio Aristóteles. Y, efectivamente, lo está. En su exposición de los diversos significados de la palabra «es», Aristóteles señaló este «es» antepuesto.[10] Al hacerlo estableció la tesis antes sólo insinuada de que con este «es» se dice que algo es verdad y con el «no es» se dice que algo es fal-

---

10. 1017a31-35.

so. Esta tesis se basa en la equivalencia de «es el caso que p» con «es verdad que p». Aristóteles llama a este sentido de ser *einai hos to alethés*,[11] y por tanto nosotros podemos hablar de *ser veritativo*.

Con el tratamiento aristotélico del ser veritativo sucede algo parecido que con su tratamiento del principio de no contradicción. También aquí, Aristóteles sólo piensa en frases predicativas, aunque está claro que lo dicho vale para todas las frases enunciativas. También aquí, Aristóteles no está seguro sobre el lugar sistemático de esta temática en la ontología. Primero dice que esta temática no tiene su lugar en la metafísica,[12] pero luego, no obstante, expone brevemente este sentido del ser.[13] Esta exposición se orienta tan fuertemente por la forma predicativa de las frases que tiene poco interés para nuestra problemática. Sólo contiene un aspecto interesante: Aristóteles establece aquí una diferenciación dentro del ser veritativo que se refiere a las llamadas «modalidades del ser» (posibilidad, realidad, necesidad). En la *Metafísica*, por el contrario, Aristóteles las trata en su minuciosa exposición de posibilidad y realidad como modalidades del ser copulativo, es decir objetualmente. La palabra «posible», por ejemplo, no se entiende aquí, al igual que el «es» veritativo, como antepuesta a la frase enunciativa (tendremos que completar: a cualquier frase enunciativa) –en la forma «es posible que p»–, sino de tal modo que haya que decir «*a* es, conforme a la posibilidad, *F*», de manera que son los objetos los que son posibles o realmente así o asá. En la tradición ontológica posterior, la posibilidad, la realidad y la necesidad se denominaron «modalidades del ser», pero el hecho de guiarse por la teoría del objeto impidió ver que el ser al que corresponden estas modalidades es el ser veritativo.

Pero, ¿qué es este ser veritativo?, preguntarán ustedes. Aristóteles no da más explicaciones a este respecto. Sin embargo tenemos que afrontar la circunstancia de que Aristóteles habla en este contexto no sólo de «ser», sino también de «lo ente». ¿Es el «es» veritativo el «es» de un objeto? Esta idea no parece absurda por-

---

11. 1051b33.
12. *Metafísica*, VI, 4.
13. *Metafísica*, IX, 10.

que la transformación gramatical de «p» en «que p» hay que entenderla como nominalización. Aunque la expresión «que llueve» parezca tener aún el mismo contenido que la frase enunciativa «llueve», «que llueve» ya no es una frase, sino un término singular. Esto lo reconocemos en el hecho de que «que p» necesita ser completado con un predicado (ahora de nivel superior) para volver a ser una frase completa, por ejemplo: «que llueve / es verdad», «que llueve / es una buena noticia», y aquí tendremos que incluir también complementos relacionales como «él / espera / que p», «él / dice / que p».

Si «que p» es un término singular, tendremos que decir que cada expresión de ese tipo figura por un objeto. Al parecer, de cada frase «que p / F» podemos derivar «algo / F». Ahora bien, ¿por qué tipo de objetos figura la forma nominalizada de una frase enunciativa? En vez de decir «es el caso que p», también podemos decir «es un hecho que p». Esta circunstancia podría hacer pensar que los objetos en cuestión hay que entenderlos como hechos. Pero eso sería un error. Pues en el caso negativo decimos: «no es un hecho que p». Aquí seguimos hablando del objeto en cuestión, pero negamos que sea un hecho. Que ayer nevara no es sin más un hecho, sino sólo si es verdad que ayer nevó. El predicado «es un hecho» lo empleamos con el mismo sentido que el predicado «es verdad». Así que tenemos que preguntarnos: ¿qué son estos objetos a los que podemos nombrar mediante una expresión de la forma «que p» y que sólo son hechos si son verdad? Lo que puede ser verdadero o falso y que, si es verdadero, es un hecho es lo que aseveramos cuando pronunciamos una frase asertiva. Parece, pues, que podemos caracterizar los objetos en cuestión como lo dicho o aseverado en cada caso. Esto parece corresponder a nuestra manera natural de hablar: por ejemplo, preguntamos «¿es verdad lo que él ha afirmado (dicho)?, ¿es un hecho?». La filosofía inglesa ha adoptado para lo que yo llamo «lo dicho» el término técnico *proposition*. Frege llamaba «pensamientos» a estos objetos. La palabra «pensamiento», tal como Frege la emplea, no hay que entenderla en el sentido de «pensar», sino en el sentido de «lo pensado». Tal vez, las expresiones «el pensamiento» o «lo pensado» les resulten a ustedes más simpáticas que mi expresión «lo dicho», que se refiere al lenguaje. Pero tal vez ustedes también estén insatisfechos con la palabra de Frege y digan: «todas estas denominaciones del objeto en cuestión, ya se trate de "lo dicho" o de "lo pensado", sólo lo caracterizan subjetivamente, como lo que queremos decir; pero nos gustaría saber qué es ese objeto en sí mismo». Dudo que esta exigencia esté justificada, pero de momento voy a transigir con ella. De hecho, hay una terminología para los objetos en cuestión que está libre de todas las connotaciones subjetivas: Husserl y Wittgenstein, en el *Tractatus*, los llaman «estados de cosas». Así pues, de acuerdo con esta concepción cada frase enunciativa nominalizada «que p» figura por un estado de cosas, y Wittgenstein definió un hecho como la «existencia» de un estado de cosas.[14]

De este modo habríamos alcanzado una concepción que sugiere entender el «es» veritativo como el ser de un objeto, como una especie de existencia, concretamente como la existencia de un estado de cosas. Por supuesto, se trataría de un tipo muy peculiar de existencia. Pues también de los estados de cosas que no existen, de los estados de cosas que no son hechos, habrá que decir que en tanto que estados de cosas son de alguna manera, pues de lo contrario no podríamos hablar de ellos. Se podría intentar (y se ha intentado) resolver esta dificultad atribuyendo a los estados de cosas un ser que ellos tienen en sí mismos, al margen de que además «existan» o no. Pero la auténtica dificultad comienza antes, con la pregunta de qué es un estado de cosas. Al hilo de este ejemplo podemos ver qué relación guardan el pensamiento referido presuntamente a las cosas y el pensamiento analítico. Hay gente que respira aliviada cuando le ofrecen el término «estado de cosas» para los objetos por los que figura la expresión «que p». Pero sólo es este grupo de tres palabras el que les sugiere la objetualidad presuntamente independiente del lenguaje. En realidad, sólo el filósofo analítico establece la referencia de las cosas al no darse por satisfecho con estas tres palabras, por lo que pregunta qué quieren decir. Pues bien, ¿qué quieren decir esas palabras? Intenten responder a esta pregunta sin referirse a frases y

---

14. Wittgenstein, *Tractatus*, 2.

a sus significados. Aquí no puedo tratar esta pregunta de una manera adecuada, pues de momento no disponemos de los medios categoriales con los que abordar esa pregunta por una clase de objetos. En la segunda parte (lección 10) he mostrado hasta qué punto tenemos que considerar fracasados los intentos de Husserl y Wittgenstein de captar el carácter de objeto de los estados de cosas sin referirse al lenguaje. En estas reflexiones preliminares, en las que todavía no intento clarificar los problemas, sino obtener un planteamiento de los problemas, tengo que darme por satisfecho en algunos puntos si un pensamiento les parece a ustedes al menos tan plausible que estén dispuestos a seguirme.

En el caso de la pregunta actual tiene que bastar con decir: la concepción del ser veritativo como la existencia de estados de cosas no corresponde a nuestra manera habitual de hablar y parece surgir sólo de una tendencia tradicional a asimilar este ser a la existencia de los objetos perceptibles. Si se quiere, se puede hablar de la existencia del estado de cosas; pero si preguntamos por el criterio para decidir si un estado de cosas existe o no, tendremos que decir: el estado de cosas de que, por ejemplo, ayer nevara existe si es verdad que ayer nevó, y que ayer nevara es verdad si ayer nevó. Así pues, la noción de existencia del estado de cosas remite a la comprensión de la frase no modificada, todavía no nominalizada.

Teníamos la siguiente serie de equivalencias: (1) existe el estado de cosas de que $p \equiv$ (2) es un hecho que $p \equiv$ (3) es el caso que $p \equiv$ (4) es verdad que $p \equiv$ (5) p. Si el sentido de (2) no se vuelve comprensible mediante (1), sino el sentido de (2) y también el de (1) mediante (4) y (5), podemos aclarar el sentido de (3), el sentido del ser veritativo, no mediante la equivalencia con (2) y (1), sino sólo mediante la equivalencia con (4) y (5).

Comencemos por (4) y (5). Aunque todavía no veamos claro el sentido de «que p», parece claro que la frase nominalizada «que p» no contiene más, sino menos, que la frase original «p». Lo que se le quitó a la frase «p» al transformarla en el término singular «que p» es lo que podemos denominar su «momento de aseveración». Si en vez de decir «ayer nevó» decimos «que ayer nevó», nos referimos a *lo que* se aseveró en la manifestación anterior, pero sin aseverarlo ya. Si decimos «que ayer nevó», no damos nada a entender, pero creamos mediante la supresión del momento de aseveración un lugar vacío para otros complementos, como aquellos con los que se puede dar expresión a otras tomas de postura sobre el mismo estado de cosas que antes se aseveró, por ejemplo: «es dudoso que p», «considero improbable que p», etcétera. Pues bien, hay *un* complemento predicativo cuyo sentido parece consistir en devolver a la expresión lo que perdió al ser nominalizada: se trata del predicado «es verdad»; pues si se completa «que p» con «es verdad», se vuelve a decir lo mismo que se decía con «p». De aquí parece seguirse que el predicado «es verdad» da expresión al momento de aseveración. En la expresión original «p» no hay ningún signo que dé expresión al momento de aseveración. Pero como rige la equivalencia «p ≡ que p es verdad» es correcta, podemos decir que el significado de «p» se compone de un contenido proposicional y el momento de aseveración, correspondiendo el contenido proposicional a lo que en la forma nominalizada se expresa mediante «que p».

Ustedes preguntarán cómo hay que entender este momento de aseveración. Aquí no puedo responder a esta pregunta; la respuesta forma parte de la elaboración de la problemática, no de su exposición (segunda parte, lecciones 15 y 28). De momento creo poder suponer que ustedes tienen una idea poco clara de lo que significa aseverar algo a diferencia de otras tomas de postura sobre el mismo estado de cosas, como la suposición, la duda, etcétera. Pero de las reflexiones que acabo de exponer parece desprenderse al menos que el momento de aseveración contiene una pretensión de verdad, pues puede expresarse con el predicado «es verdad». Quien pronuncia una frase asertiva asevera algo (por ejemplo, que llueve), y al mismo tiempo siempre asevera también que lo que él asevera es verdad.

Si el «es» veritativo es empleado como equivalente del predicado «es verdad», se sigue que también este «es» da expresión al momento de aseveración del enunciado y que este momento de aseveración hay que entenderlo como pretensión de verdad. Este resultado concuerda con la interpretación de este «es» que he dado al exponer el principio de no contradicción: que en él se expresa la forma afirmativa del enunciado. Quedaría resuelta así la dificultad que allí se presentaba, es decir que esta descripción es demasiado general porque también vale para frases no asertivas, pues ahora podemos decir: la forma afirmativa de la frase tiene en el caso especial de la frase enunciativa el sentido de una aseveración. De este modo también estaría definida la clase de las frases enunciativas mediante una característica de su forma. Por supuesto, esta definición está relacionada estrechísimamente con el criterio antes mencionado de que una frase es enunciativa si se puede considerar verdadero o falso lo que se dice con ella. La definición actual dice que una frase es enunciativa si se emplea de tal modo que plantea una pretensión de verdad. Naturalmente, podemos conectar los dos criterios diciendo: lo que se dice con una frase sólo se puede considerar verdadero o falso si ya en el uso de la frase hay una pretensión de verdad.

Pero entonces surge esta duda: yo distinguí en su momento entre la forma afirmativa y la forma negativa de la frase. Por el contrario, la pretensión de verdad, el carácter de aseveración, es propio de todas las frases enunciativas, incluidas las negativas. Por tanto, ¿no es un error la subordinación de la forma aseverativa a la forma afirmativa? ¿Dónde está la equivocación? ¿Me basé unilateralmente en las frases enunciativas afirmativas al introducir la pretensión de verdad y perdí de vista al no-ser veritativo frente al ser veritativo? Pero, ¿qué significaría eso? ¿Tenemos que decir que las frases negativas (las frases de la forma «no es el caso que p») plantean una pretensión de falsedad? Ya que «no es el caso que p» equivale a «es falso que p», se puede decir que con una frase de este tipo se asevera que lo que se dice con «p» es falso. Pero, en cambio, «no es el caso que p» no equivale a «p», sino a «no-p». Así pues, con «no es el caso que p» se asevera la falsedad del enunciado contrario, y esto sólo es posible porque también aquí el enunciado asevera su propia verdad. Por tanto, en el empleo de toda frase enunciativa –ya aparezca o no en ella un «no»– hay una pretensión de verdad. Y está claro que en el empleo de toda frase enunciativa se asevera algo. Se puede aseverar lo contrario, pero no se puede hacer algo que sea lo contrario de aseverar.

Nos vemos, pues, obligados a buscar la equivocación en el otro lado. No puede ser correcta la suposición de que hay una forma afirmativa y una forma negativa de frase, de que la afirmación y la negación están en el mismo plano.

En primer lugar, no hay ninguna posibilidad de agrupar por separado las frases en afirmativas y negativas. Ciertamente, para cada frase enunciativa hay una frase contrapuesta, pero no hay un rasgo general que nos permita comprender cuál de las dos es la negativa, pues el criterio de que la frase negativa es aquella en la que hay un signo de negación sólo es aplicable en parte. Frege pone como ejemplo la frase «Jesucristo es inmortal».[15] Por supuesto, esta frase es la negación de la frase «Jesucristo es mortal», pero no parece que tenga sentido decir que es una frase negativa en sí misma o que tenga, como he dicho de manera imprudente, una «forma negativa». El predicado «es inmortal» es tan «positivo» como el predicado «es mortal». Puede parecer negativo porque equivale a «no es mortal», pero igualmente puede parecer negativo el predicado «es mortal», pues equivale a «no vive eternamente».[16]

Así pues, no podemos entender la negación como una cualidad que corresponde en sí a una frase, sino que tenemos que entenderla como una operación que, aplicada a una frase, da lugar a la frase contraria. Pero, ¿a qué se aplica la operación de negación? Como ambas frases enunciativas (por ejemplo, «llueve» y «no llueve») aseveran algo, no se puede entender la segunda frase como si lo que se niega fuera la aseveración de la primera, sino que lo que se niega es *lo que* la primera asevera, su contenido proposicional. Si simbolizamos el momento de aseveración de «p» con el signo de aseveración de Frege «⊢» y el contenido proposicional no no-

---

15. «Die Verneinung», pág. 149. Cito todos los escritos menores de Frege de acuerdo con la paginación original, ya que figura al margen en los dos volúmenes recopilados por G. Patzig.

16. A partir de la diferencia entre los predicados que sólo se excluyen (como «rojo» y «azul») y los predicados contradictorios (como «rojo» y «no rojo») se puede obtener un criterio para distinguir entre predicados positivos y negativos y entre frases positivas y negativas, pero su aplicabilidad es limitada. Véanse Ayer y Gale.

minalizado de «p» con *p*, nuestras dos frases tienen la forma «⊢ *p*» y «⊢ *no-p*», y no la forma «⊢ *p*» y «no ⊢ *p*».

Que el signo de negación sólo afecta al contenido proposicional lo podemos confirmar con Frege también en otro contexto, concretamente en el papel de la negación en las frases parciales dentro de las frases compuestas.[17] Cuando las frases entran como frases parciales en una frase compuesta, pierden –aunque no sean nominalizadas– su momento de aseveración; sólo se asevera la frase completa. Tomemos, por ejemplo, la forma de frase «p o q». Es evidente que aquí sólo se asevera el enunciado compuesto en conjunto y que iría contra el sentido de esa frase disyuntiva que con ella también se aseveraran los dos enunciados parciales. A las dos frases parciales les falta, cuando aparecen en esta forma de frase, el momento de aseveración, aunque esta ausencia no se simbolice en el lenguaje natural. Cualquier frase que contenga un «no» puede figurar como frase parcial en una frase disyuntiva. Pero esto sólo es posible si (como falta el momento de aseveración) el «no» forma parte de antemano del contenido proposicional. De este argumento sólo podríamos escapar mediante la tesis abstrusa de que la palabra «no» tiene sentidos diferentes cuando aparece en una frase independiente y cuando esa misma frase es una frase parcial.

Pero ustedes preguntarán: ¿no es absurdo seguir llamando «afirmación» a la aseveración? Pues la noción de afirmación parece estar referida esencialmente a una negación. Podemos admitir esta correlación sin renunciar a los resultados que acabamos de obtener. Simplemente tenemos que corregir una ambigüedad hablando de «negación» y de «negativa». Para todo contenido proposicional *p* hay siempre otro contrapuesto (*no-p*) que obtenemos mediante la negación del primero, y para evitar ambigüedades podemos reservar para esto la palabra «negación». Si se asevera (si se afirma asertivamente) este segundo contenido proposicional (*no-p*), se puede calificar a esto de negación de la afirmación del primer contenido proposicional (*p*), y para evi-

---

17. «Die Verneinung», págs. 135-136. Véase también Geach, «Assertion» y Dummett, págs. 316-317.

tar ambigüedades podemos reservar para esto la palabra «negativa». Así entendida, la negativa es la afirmación asertiva de un contenido proposicional negado, es decir, de un contenido proposicional que es negativo en relación con otro, y por tanto la negativa es una afirmación que está contrapuesta a otra afirmación.

De esta manera tenemos que entender también las palabras «sí» y «no», dejando de lado de momento su empleo no asertivo. Empleamos estas palabras en una conversación cuando el contenido proposicional que queremos afirmar o negar ya ha sido expresado mediante una aseveración o una pregunta precedente, de tal modo que la respuesta no necesita repetir el contenido proposicional y se puede limitar a la mera afirmación o negación. Es fácil olvidar que también con el «no» se afirma algo, el contenido proposicional contrario. Si empleamos el símbolo «←» para indicar que el contenido proposicional de que se trata es el que acabamos de mencionar en la conversación, el «sí» asertivo tiene la forma «⊢ ←», y el «no» asertivo la forma «⊢ no ←».

Si toda negativa es una afirmación que se opone a otra afirmación, se sigue que también toda afirmación está opuesta a otra afirmación, a su negativa, a la afirmación del contenido proposicional contrario. Cada «no» expresa una toma de postura contra un «sí». ¿Expresa también cada «sí» una toma de postura contra un «no»? Si es correcto que no podemos agrupar las frases en unas en sí positivas y otras en sí negativas, tenemos que responder que sí, y por tanto es correcto entender el momento de aseveración como afirmación: cada aseveración es una toma de postura contra la aseveración opuesta, pero a diferencia de la negativa esta toma de postura no es explícita. En la segunda parte he intentado mostrar que el modo de empleo de las frases asertivas y de sus diversas formas no se puede entender sin tener en cuenta esta cualidad de ser una toma de postura contra (lecciones 15, 17 y 27).

Así pues, de la circunstancia de que lo que se niega sólo es el contenido proposicional y no la aseveración no se sigue en absoluto que el momento de aseveración no esté afectado por la negación. Al contrario: que una frase asertiva tenga el carácter de una aseveración y, por tanto, de una toma de postura afirmativa sería absurdo si no hubiera un contenido proposicional contrapuesto.

¿Dónde hemos ido a parar con nuestra pregunta por una forma unitaria de todas las frases? Hemos obtenido una característica formal que es común al menos a todas las frases asertivas: primero, tienen la estructura «⊢ *p*», y con esta estructura está relacionado que, segundo, para cada *p* hay un *no-p*. Mientras que el primer elemento de esta estructura representa un momento que pertenece a toda frase asertiva, tras el símbolo *p* se oculta toda la pluralidad de las estructuras del contenido proposicional. Obtendríamos un conocimiento unitario de *la forma* de las frases asertivas una vez que se volviera visible una conexión de las diversas estructuras del contenido proposicional. Pero hasta ahora ni siquiera está claro cómo hay que preguntar por las estructuras proposicionales. No voy a abordar esta parte de la problemática en estas reflexiones introductorias; en ella me he centrado en la segunda parte de este curso.

Pero tampoco quiero hacer ver que, aparentemente, con el señalamiento del momento de aseveración y de la negabilidad del contenido proposicional ya sería comprensible la estructura común a todas las formas de las frases asertivas. El objetivo de esta lección no era encontrar una respuesta a la pregunta por la forma de las frases asertivas (y tal vez de todas las frases), sino sólo investigar si, en general, hay una forma unitaria de la que esa pregunta pueda partir. Ahora sólo sabemos que la pregunta de qué significa comprender una frase asertiva se dirige a tres momentos estructurales y a su conexión interior: ¿qué significa comprender una afirmación asertiva?, ¿qué significa comprender un contenido proposicional? y ¿qué significa comprender la palabra «no»?

Lección quinta

Reflexión sobre la consciencia y reflexión sobre el discurso

Si Aristóteles o la tradición subsiguiente hubieran tomado el ser veritativo como hilo conductor de sus reflexiones, en el marco de la ontología se habría elaborado una semántica de la forma asertiva de frase. Pero lo que sucedió en la Edad Media fue que la problemática que Aristóteles al menos había rozado se volvió irreconocible al convertirse en la doctrina irreal de lo *verum*, de la tercera determinación «transcendental» de lo *ens* junto a *unum* y *aliquid*. Esta doctrina igualó ese sentido de «es» a los otros y lo objetualizó definitivamente. La ontología medieval ya no fundamentó la universalidad de la noción de «lo ente» a partir de «es», sino a partir de la tesis de que la determinación *ens* es la primera que se ofrece al espíritu.[1] Cómo es posible que esta frase, que al observador imparcial le tiene que parecer completamente ilógica e incluso incomprensible, fuera aceptada por toda una tradición como la evidencia suprema lo comprenderemos al final de esta lección, cuando nos ocupemos del concepto de representación.

---

1. Véase, por ejemplo, Tomás de Aquino, *De veritate*, I, 1: «*illud autem quod primum intellectus concipit quasi notissimum et in quo omnes conceptiones resolvit est ens*»; Duns Escoto, *Ordinatio*, 1, dist. 3, pars 1, q. 3, nº 137: «*primum objectum intellectus nostri est ens*».

De manera retrospectiva podemos explicarnos que el aspecto no sólo de la ontología aristotélica, sino de toda la ontología tradicional desde Parménides hasta Hegel con el que la tradición se acercó más al ser veritativo fuera que la pregunta por el ser siempre estuvo unida a la pregunta por el no ser. Que esto es todo menos obvio queda claro en cuanto pensamos que una teoría que comience por la noción de objeto o por la noción medieval de *ens* no tiene motivo alguno para tematizar el «no». Tal como hemos visto al hilo del principio de no contradicción, la contraposición de ser y no ser, al igual que las llamadas «modalidades del ser», forma parte del ser veritativo, y los otros significados de «es» (como el de la cópula o el de la existencia) sólo participan en ella porque son especies del ser veritativo.[2] Por otra parte, nuestra orientación tradicional por la contraposición de ser y no ser contribuye a que tendamos a poner la negación en el mismo plano que la afirmación y a pasar por alto el peculiar lugar que le corresponde al «no» en la forma de frase.[3]

Lo que hemos obtenido en la lección anterior a partir del ser veritativo era una caracterización formal de todas las frases asertivas, y así surgió una pregunta directriz para la semántica de las formas asertivas de frases. Si en la cuestión de la ciencia formal universal nos guiamos por el punto de partida aristotélico, es decir por la cuestión de los presupuestos formales de todas las ciencias, ya hemos alcanzado nuestra meta con la semántica formal de las frases asertivas, pues en las ciencias sólo hay frases asertivas (habría que añadir, como mucho, las frases interrogativas). Por otra parte, una vez que se ha entrado en el ámbito de la se-

---

2. No voy a abordar el problema de la plurivocidad de la palabra indoeuropea (y en especial de la palabra griega) «ser» ni las cuestiones de si los diversos significados están relacionados entre sí y de si esta conexión es lo bastante universal para que la filosofía se pueda guiar por esta palabra. A este respecto, remito a la obra de Ch. Kahn, que por primera vez expone esta problemática por completo y a la altura de las posibilidades cognoscitivas actuales de la filosofía y de la lingüística. Hoy es completamente ingenuo partir, sin estas investigaciones previas, de «el ser», como hacía Heidegger.

3. Por esta razón, yo mismo cometí este error en mi artículo «Die sprachanalytische Kritik der Ontologie», pág. 492.

mántica formal sería artificioso limitar el ámbito temático a las frases asertivas, pues una limitación no es compatible con la pretensión de universalidad de esta ciencia formal. Parece coherente no seguir construyendo la temática formal-universal de la ciencia buscada desde las ciencias, sino (tal como he hecho en la lección anterior (pág. 60) hacerlo a partir de nuestra comprensión de las expresiones lingüísticas. Pero entonces nos encontramos ante la pregunta: ¿cómo podemos ampliar la perspectiva unitaria que hemos obtenido para el análisis de las frases asertivas de tal modo que se pueda entender como perspectiva unitaria para analizar todas las formas de frase?

Se suele distinguir las frases asertivas de las frases interrogativas, desiderativas e imperativas. Dejo abierta la cuestión de si esta enumeración de otras formas de frase es completa y si tiene sentido desde el punto de vista sistemático, y no voy a dar ahora un criterio semántico para estas clasificaciones,[4] que se suelen basar en criterios gramaticales, como el modo verbal, el orden de las palabras y la entonación. Esto muestra ya que las frases no asertivas han merecido hasta ahora mucha menos atención por parte de la semántica filosófica, lo que se puede entender como una consecuencia de la ontología tradicional. Mientras que Aristóteles aún entró con el ser veritativo en la dimensión de la semántica asertiva, la semántica no asertiva parece encontrarse del todo fuera del alcance de la ontología, a no ser que la orientación por «es» se entienda como una orientación no sólo por la forma indicativa de este verbo, sino por todos sus modos. Esa orientación nunca se desarrolló en la elaboración tradicional de la pregunta por el ser, pero sería pensable.[5] Igual que hemos podido transformar una frase asertiva en la anteposición de un «es el caso» seguido por la nominalización de la frase, también podemos transformar una frase imperativa (por ejemplo, «¡que él venga!» en un «sea el caso» seguido por la forma nominalizada «¡que él venga!» o, por ejemplo, la frase interrogativa «¿vendrá él?» en «¿es el caso que él vendrá?».

---

4. He tratado estas cuestiones en la segunda parte, lección 28.
5. En cierto modo se encuentra en Heidegger. A este respecto, véase la nota 14 de esta lección.

De aquí se desprende enseguida un reconocimiento fundamental acerca de la estructura de las frases no asertivas: al igual que las frases asertivas, se pueden dividir en un momento de afirmación y un contenido proposicional, y también en ellas este contenido proposicional se puede expresar sin momento de afirmación en el giro nominalizado «que p». Pero las frases no asertivas no sólo tienen un contenido proposicional, sino que se ve enseguida que un mismo contenido proposicional puede figurar en una frase asertiva y en los diversos modos no asertivos de frases. Por ejemplo, las frases «él viene», «¡que él venga!», «¡ojalá venga él!» y «¿viene él?» tienen el mismo contenido proposicional y sólo se diferencian por cuanto respecta al modo. Así se confirma retrospectivamente lo que al principio no parecía convincente: que tenemos que entender la forma semántica también de las frases asertivas no nominalizadas como compuesta del momento de afirmación y del contenido proposicional, aunque gramaticalmente el contenido proposicional no se pueda aislar. Sólo esta articulación vuelve comprensible la conexión entre «él viene», «¡que venga él!», etcétera. Así se muestra que las formas de frase de los diversos modos de frase sólo se diferencian por cuanto respecta a su modo, mientras que el otro componente, el contenido proposicional (que es el soporte de todas las demás articulaciones semántico-formales), es común a todas las formas de frase (naturalmente, con ciertas limitaciones, como la de que los imperativos sólo se pueden referir al futuro).[6]

Llegamos así a una estructura unitaria de todas las frases, que podemos simbolizar mediante «M*p*», siendo M una variable que hay que sustituir por los símbolos de los diversos modos, por ejemplo «⊦» para el momento de aseveración. De este modo obtenemos el ya conocido «⊦*p*», y también se puede escribir (por ejemplo) para el imperativo «!*p*» y para la frase interrogativa «?*p*».

La atención a las frases no asertivas también nos proporciona una confirmación adicional de que el «no» forma parte del contenido proposicional. Con el imperativo «¡no vengas!» se exige la rea-

---

6. El libro de Searle *Speech Acts* elabora una semántica formal que se basa en este reconocimiento y se divide en dos partes: una semántica de los modos y una semántica del contenido proposicional común a todas las frases.

lización del mismo estado de cosas cuya verdad se asevera en la frase asertiva «¡no vengas!». También la negación imperativa tiene la forma «!*no-p*», por lo que es la afirmación imperativa de un contenido proposicional negado.

Sólo de pasada voy a mencionar el problema de la negación llamada «exterior», que es la negación en frases como «no afirmo que p», «no ordeno que p».[7] Estas formas de frase llamadas «performativas» tienen la forma gramatical de frases asertivas, pero no son frases asertivas, pues al pronunciarlas no sólo se asevera algo, sino que al mismo tiempo se hace lo que ellas aseveran (cuando digo: «ordeno que...», no sólo constato que doy una orden, sino la doy).[8] Si pudiéramos asimilar «asevero que p» y «ordeno que p» a «p» y «!*p*», la forma de «no asevero que p» y «no ordeno que p» sería «no ⊢ *p*» y «no !*p*». Se puede discutir si esta asimilación es correcta y si no habrá que entender la semántica de los performativos, en última instancia, desde la semántica de la frase asertiva, con lo cual se llegaría otra vez a un concepto unitario de negación. En todo caso, la negación exterior no aparece en las frases no nominalizadas «p», «!*p*», etcétera. Pero los performativos pueden aclararnos qué sentido tendría una frase de la forma «no-M*p*» y convencernos una vez más de que las frases enunciativas negativas, los imperativos, etcétera, no tienen esta forma.

¿Tenemos que entender también los modos no asertivos como forma afirmativa? ¿Tienen también ellos el carácter de una toma de postura contra una afirmación contrapuesta? A favor de esta interpretación habla la circunstancia de que el principio de no contradicción al parecer también vale para las frases no asertivas y que en relación con ellas podemos fundamentarlo igual que en el caso de las frases asertivas. Si alguien dice «¡ven aquí y no vengas aquí!», no ha dicho nada, no ha dado nada a entender. Con el segundo paso ha suprimido el primero.

---

7. Véase Hare, «Meaning and Speech Acts» (1970), en: Hare, *Practical Inferences*, págs. 82 y ss. El término «negación exterior» también se usa en otro sentido, véase el artículo «Negation» de A. Prior en la *Encyclopedia of Philosophy*.

8. En *How to do Things with Words*, Austin fue el primero en llamar la atención sobre el uso «performativo» de las frases.

Naturalmente, también hay un uso imperativo de «sí» y «no». Pero no está claro que la frase explícitamente negativa («¡no vengas!») haya que entenderla como toma de postura contra, pues esa frase no parece dirigirse contra otra frase, sino contra una acción. Sólo si se pudiera mostrar que el imperativo negador se dirige contra un imperativo contrapuesto por el que la acción está determinada, habría que entenderlo como negación de una afirmación; y entonces sí que sería coherente entender también el imperativo en el que no hay ningún «no» como afirmación, como toma de postura contra la afirmación imperativa del contenido proposicional contrapuesto. En última instancia, la cuestión de si los diversos modos no asertivos hay que entenderlos como maneras de afirmar sólo se podrá decidir, como en el caso del modo asertivo, en la elaboración real de la semántica de estas formas de frase.

Sólo en el caso de las frases interrogativas se ve de antemano que no caben en este esquema. Aunque tengan un contenido proposicional negable, no parece sensato considerar contrapuestas a las dos frases interrogativas que tienen un contenido proposicional contrapuesto. Más bien, se podría decir que las dos preguntas «¿viene él?» y «¿no viene él?» preguntan por lo mismo. Es fácil comprender por qué las frases interrogativas ocupan esta posición especial. Una pregunta es una exhortación a pronunciar una frase dentro de un espacio marcado por la frase interrogativa,[9] normalmente una frase asertiva o, si hay preguntas específicamente prácticas (véase la lección séptima), un imperativo. Así pues, las frases interrogativas no son afirmativas porque contienen la exhortación a una afirmación, a una toma de postura. Estas frases no afirmativas no constituyen una contra-instancia contra el resultado que empieza a perfilarse: que la toma de postura sí/no

---

9. Véase Frege, «Verneinung», primera proposición; Lewis, *Convention*, págs. 186-187; Hare, *op. cit.*, págs. 80-82. En el caso de las llamadas «preguntas-frase» (como «¿viene él?»), el espacio de las respuestas posibles está fijado por el contenido proposicional, que se puede afirmar o negar. En el caso de las llamadas «preguntas-palabra» (como «¿quién viene?»), un componente del contenido proposicional queda abierto y la persona que contesta tiene que sustituirlo por un contenido adecuado.

representa el hecho básico en el empleo de todas las frases con contenido proposicional.

¿Tienen todas nuestras frases esta forma «M*p*»? Es evidente que también hay unidades completas de entendimiento mutuo que no tienen contenido proposicional, por ejemplo «¡eh!», «¡hurra!», «gracias», «buenos días». Pero esas frases tampoco poseen estructuras semánticas, o acaso sólo rudimentarias, y más adelante veremos que el esclarecimiento del significado de estas expresiones relativas a una situación es mucho menos difícil que el esclarecimiento de las frases proposicionales. Se puede decir, por tanto, que la pregunta por la comprensión de nuestras expresiones lingüísticas no se reduce por completo, pero sí esencialmente, a la pregunta por la comprensión de grupos de signos de la forma «M*p*». Así, la pregunta fundamental de la semántica formal enlaza con la pregunta fundamental de la semántica de las frases asertivas (que hemos estudiado al final de la lección anterior), sólo que en lugar de la pregunta por la comprensión de «⊢» aparece la pregunta por la comprensión de los diversos modos y por su conexión. La pregunta fundamental es cómo hay que entender el hecho de que toda nuestra comprensión lingüística tenga la estructura de tomas de postura sí/no de diversos modos ante contenidos proposicionales. Por supuesto, seguimos sin responder a la pregunta de si se puede hablar de una estructura unitaria y no sólo de momentos estructurales comunes, pero al menos ya sabemos en qué consistiría la respuesta afirmativa: primero, en mostrar el nexo sistemático de las estructuras del contenido proposicional (pág. 76), segundo, en mostrar el nexo sistemático entre los diversos modos.

Con esto puedo concluir este bosquejo provisional de una semántica formal como disciplina analítica sucesora de la ontología en tanto que ciencia formal universal. Todavía no sabemos nada sobre los conceptos y los métodos con que elaborar ese planteamiento; en la parte principal de este curso intentaré responder a esta pregunta por medio de una destrucción paso por paso de los conceptos disponibles en la tradición. De momento sólo se trata de delimitar un campo temático al que se pueda recurrir como campo de una ciencia que sea eminente en algún sentido y a la que se pueda denominar «filosofía».

Para retomar esta nuestra pregunta directriz y preparar el próximo paso, puedo resumir de la siguiente manera la crítica que se puede hacer a la concepción aristotélica de una ciencia eminente, entendida como ontología. Primero, esta concepción se puede poner en cuestión de una manera absoluta, es decir, en relación con la motivación (pág. 36); sólo en relación con la idea directriz «razón», intentaré introducir un concepto de filosofía de manera absoluta, a partir de una motivación eminente, sin presuponer una manera dada de comprenderlo (lección séptima). Segundo, se puede criticar la concepción de la filosofía como ontología de manera relativa al concepto preliminar del que parte Aristóteles. Así pues, se puede problematizar la idea de formalización; y si comparamos esta concepción con la idea del propio concepto preliminar de Aristóteles, habría que preguntar en especial con qué derecho se abandona uno de los dos puntos de vista que forman parte del concepto preliminar, concretamente el de la radicalización del aspecto fundamentador de la ciencia. Trataré este punto de vista cuando hable de la «razón». Tercero, se puede criticar la concepción ontológica desde el otro punto de vista del concepto preliminar, la universalidad, en el que se centra la interpretación ontológica.

Fue este tercer punto de vista el que condujo a sustituir la ontología por la ciencia más amplia de la semántica formal. Así pues, lo que hasta ahora habla en favor de la idea de una semántica formal como ciencia eminente es la circunstancia de que la semántica formal es más amplia que la ontología. Si nos seguimos guiando por este punto de vista de la universalidad, podríamos preguntar: si ha quedado claro que la ontología es superada en su pretensión de universalidad por la semántica formal, ¿qué garantía tenemos de que la semántica formal no será superada en su pretensión de universalidad por otra disciplina?

Se podría indicar que el sentido de formalización que hemos obtenido con el concepto de objeto sólo tiene sentido en relación con frases y que, por tanto, la cuestión de una ampliación de la disciplina formal más allá del ámbito de las frases ya no tiene sentido. Confieso que tiendo a esta interpretación. Pero aquí tenemos que evitar un dogmatismo. Al interpretar lingüísticamente el paso de reflexión formal de Aristóteles, he subrayado que de momento tengo que dejar abierta la cuestión de si esa es la única posibilidad de comprender este paso. Además, parece innegable que la comprensión lingüística no se reduce a la comprensión de frases aisladas. Las frases son las unidades de comprensión más pequeñas, pero se encuentran -tanto en la ciencia como en los demás casos- en contextos mayores del entendimiento mutuo y de la comprensión. Estos contextos quedan olvidados si nos limitamos a la forma de las frases. Tanto la temática que se guía por las frases como la que se guía por los objetos predeterminan una perspectiva atomizante. Por eso se ha constituido recientemente una disciplina llamada «pragmática» que intenta superar esta limitación.[10] Además, surge la cuestión de si tenemos que dejar de lado todos los modos de consciencia y de experiencia que no se articulan en frases. Esta pregunta abre una nueva perspectiva. Subsume la comprensión de las expresiones lingüísticas bajo el concepto de consciencia y promete así una ampliación de la base de partida de la formalización, aunque de momento no está claro si una formalización de la experiencia no lingüística es algo comprensible o qué ha de ocupar el lugar de la formalización.

Llegamos así al segundo concepto conductor de la tradición con el que quería confrontar la concepción analítica de la filosofía (pág. 28). La orientación por la consciencia, que es determinante para la filosofía moderna clásica, también se entiende –al igual que la concepción analítica– como una ampliación crítica de la ontología. La relación con la ontología es en cierto modo análoga en la filosofía de la consciencia y en la filosofía analítica. En ambos casos, el nuevo planteamiento filosófico surge en contraste con la teoría del objeto mediante una reflexión que en la filosofía de la consciencia es una reflexión sobre la experiencia, sobre la consciencia de los objetos, y en la semántica es una reflexión sobre las frases en las que hablamos de los objetos. La fi-

---

10. El planteamiento de esta ciencia, su delimitación respecto de la semántica y sus conceptos todavía son inseguros. Una concepción filosófica de la pragmática la intenta desarrollar J. Habermas en su artículo «Was heisst Universalpragmatik?».

losofía de la consciencia y la filosofía analítica aparecen así como empresas competidoras, cada una de las cuales dice que incluye a la otra: toda consciencia de un objeto siempre es un componente de la comprensión de frases, y la filosofía de la consciencia puede argüir que toda comprensión de frases sólo es un modo de consciencia entre otros.

Así pues, una introducción al filosofar analítico tendrá que confrontarlo en especial con la filosofía de la consciencia. Como ya sucedía en la confrontación con la ontología, se trata tanto de conocimientos adicionales sobre la esencia del filosofar analítico como de la cuestión de la justificación de la concepción analítica de la filosofía. La confrontación con la filosofía de la consciencia enlaza con la confrontación con la ontología porque la reflexión sobre la consciencia inaugura un punto de vista que parece sobrepujar a la pretensión de universalidad de la concepción analítica.

Para poder llevar a cabo esta confrontación con la filosofía de la consciencia, tenemos que procurarnos primero una idea (naturalmente, muy simplificada y esquemática) de las posiciones de la filosofía de la consciencia relevantes para nuestra problemática investigando cómo la reflexión sobre la consciencia problematizó la ontología y amplió su planteamiento. Expondré este desarrollo de la filosofía de la consciencia en contraste con la ontología en forma de tres pasos sucesivos, que se van radicalizando. A continuación habrá que preguntar qué consecuencias tiene cada uno de estos pasos para la concepción analítica o qué efectos tiene desde una perspectiva analítica para estos tres pasos.

El primer paso es el que podemos calificar de cartesiano. Con él comenzó históricamente el giro desde la ontología a la consciencia. Fue una consecuencia del recurso al aspecto del concepto preliminar de filosofía de Aristóteles que él mismo descuidó en la interpretación ontológica de este concepto preliminar: el aspecto de fundamentación y acreditación. La cuestión de la fundamentación en las ciencias concierne a sus aseveraciones en la medida en que las ciencias plantean una pretensión de saber. Pero saber es en última instancia un saber de algo particular en cada caso. Siempre concierne a algo que alguien *piensa*, y nosotros decimos que no sólo lo piensa, sino que lo *sabe*, si lo puede acreditar. Entonces también decimos que tiene la certeza de lo que piensa, que eso es indudable para él. La acreditación consiste en la eliminación explícita de las posibles dudas. En la cuestión de la duda y de la certeza, cada cual está solo consigo mismo: otros pueden llamar su atención sobre posibles dudas, pero la duda y la certeza son estados del individuo. Descartes llamó la atención sobre el hecho de que nadie puede dudar del estado de duda o de certeza en que se encuentra. Esto mostraba también que hay toda una clase de estados –opinar, desear, proponerse, sentir, etcétera– que son indubitables para quien se encuentra en ellos. Si nos preguntamos qué define a esta clase, tal vez no haya otro criterio que el hecho de que la persona que se encuentra en uno de esos estados tiene en ese momento un saber indubitable de que se encuentra en ese estado. Con este criterio hemos obtenido un primer concepto lato de consciencia (más adelante conoceremos un segundo concepto más estricto). Parecía coherente entender este ámbito de la consciencia como algo interior que le está dado inmediatamente al individuo, a «mí», al «yo», como se decía ahora. Y además parecía lógico suponer ahora que yo conozco todo lo exterior, dubitable, *mediante* lo que está dado interiormente, mediante lo indubitable. Así, la radicalización de la cuestión de la acreditación (que es característica de las ciencias) conduce, primero, a destacar lo interior como algo indubitable y, segundo, a la cuestión de cómo me está dado lo exterior, cómo lo puedo conocer. Se llamaba a esto la cuestión de la teoría del conocimiento.

Este primer paso de la teoría de la consciencia –el paso cartesiano de su teoría del conocimiento– aún no implica la ampliación de la ontología. Frente a la ontología, sólo significa el traslado del énfasis a una nueva pregunta: a la pregunta por lo ente en tanto que tal se antepone a la pregunta por la accesibilidad de lo ente. Las estructuras ontológicas no tienen por qué verse alteradas.

Pero la cuestión de la accesibilidad puede afectar a las cuestiones ontológicas mismas. Si esto sucede, se da el segundo paso, el llamado «giro transcendental». Este paso consiste en que la cuestión del modo en que los objetos están dados ya no se considera sólo una cuestión de certeza, sino constitutiva de la objetualidad de los objetos.

Lo más sencillo para clarificar esta tesis de la filosofía transcendental es hacerlo con ayuda de la concepción de las ontologías regionales de Husserl, que ya he tocado al introducir la posición ontológica (pág. 40). Entonces indiqué que los conceptos fundamentales que caracterizan a un ámbito de objetos en tanto que tal –conceptos como «cosa material», «estado de conciencia», «número»– no son sólo de una generalidad gradualmente superior que los conceptos que forman parte del ámbito de objetos, sino que son completamente diferentes de éstos. Si hay ámbitos de objetos separados por completo, que no son simplemente subdivisiones de un ámbito global, esto tiene que deberse no sólo a que en cada ámbito de objetos hay objetos de diversos tipos, sino a que el tipo de su objetualidad es diferente. Para una filosofía que todavía no reflexiona a la manera analítica, esta situación sólo se puede interpretar de la siguiente manera: las diferenciaciones de que se trata aquí no son objetivas, no se refieren al contenido, por lo que sólo pueden referirse a la manera en que los objetos están dados. Para Husserl, cada tipo de objetualidad se constituye en la manera en que los objetos están dados (*Ideen* III, § 7). Así que de acuerdo con Husserl también el sentido de la objetualidad en general sólo se puede clarificar en una consideración transcendental, que incluya la manera en que los objetos están dados.

Una posición en principio similar la encontramos en Kant, pero con la diferencia de que Kant no tematiza la objetualidad como tal y no distingue los diversos ámbitos de objetos, sino que sólo pregunta por la objetualidad de los objetos de la experiencia en el espacio y en el tiempo. Al igual que en Husserl la manera de estar dados los objetos, en Kant la posibilidad de la experiencia es constitutiva de la objetualidad de los objetos. Este es el sentido de la famosa frase: «Las condiciones de posibilidad de la experiencia son al mismo tiempo las condiciones de posibilidad de los objetos de la experiencia».[11]

Con este segundo paso, la reflexión sobre la consciencia ha pasado a la propia ontología. El análisis ontológico es entendido

---

11. *Kritik der reinen Vernunft*, B 197.

ahora como análisis de la posibilidad de la experiencia, de cómo es posible que los objetos en general y los objetos de las diversas regiones lleguen a estar dados. Tal como he presentado hasta ahora la posición de la filosofía transcendental, ésta sigue dependiendo aún de la ontología, pues toma de ella su concepto fundamental, el concepto de objeto. El giro transcendental sólo tiene como consecuencia que lo que ya había sido tematizado (la objetualidad) sea analizado ahora de una manera nueva, pero esto no amplía el ámbito temático.

Esta ampliación del ámbito temático mediante la reflexión sobre la consciencia es el tercer paso. Éste consiste en que con la reflexión sobre la consciencia se va más allá de la orientación por el objeto, puesto que resulta que hay modos de consciencia que no se pueden entender como consciencia de un objeto. Históricamente, este paso se encuentra sólo rudimentariamente en las filosofías modernas de la conciencia, en especial en Kant.

La reflexión sobre la experiencia de los objetos hizo reparar a Kant en que los objetos nos están dados en el espacio y en el tiempo. Pero el espacio y el tiempo no son a su vez objetos. Pero no queda claro cómo tenemos que entender positivamente la conciencia de espacio y tiempo, que no es objetual. Kant la llama, sobre la base de analogías formales (*Kritik der reinen Vernunft*, B 39, 47), una «intuición», pero esto es claramente una solución de compromiso. Estrechamente unida a la conciencia de espacio y tiempo (véase B 39-40) está la consciencia del mundo, de la totalidad (cerrada o abierta) de las cosas experimentables (B 446-447). Esta totalidad misma de los objetos parece que no es un objeto.

A diferencia de Husserl, Kant llegó a ver la necesidad de un planteamiento transcendental cuando reconoció que toda experiencia de los objetos es espacial y temporal y contiene una referencia al mundo. El giro subjetivo se volvió necesario debido a lo que no es accesible a una consideración objetual. Por otra parte, Kant tematizó sólo la consciencia no objetual que se encuentra en el contexto de la experiencia objetual.

Kant se dio cuenta de que conceptos como totalidad e infinitud sólo se pueden comprender sobre la base del concepto de la *acción repetida* («sucesiva»).[12] Además, el concepto de acción sintética –la síntesis de lo múltiple de acuerdo con reglas– se volvió fundamental para Kant en la comprensión de la consciencia, o en todo caso de aquella consciencia que Kant llamaba «experiencia»: el conocimiento de los objetos (B 103, 195-196). Ahora bien, la consciencia que alguien tiene de su actuación, y esto quiere decir de la regla que sigue al actuar, no es a su vez la consciencia de un objeto. Así pues, Kant tomó en cuenta no sólo modos de conciencia que no son objetuales; más bien, una consciencia no objetual determinada –una conciencia de actuación– se convirtió para él en constitutiva de la conciencia de objetos.[13] Precisamente esto es lo que muestra que Kant seguía guiándose no obstante por la consciencia de objetos: por eso prestó atención sólo a la consciencia de actuación que en su opinión es constitutiva de la consciencia de objetos y de la conexión de éstos en el espacio y en el tiempo; no elaboró una teoría general de la consciencia de acciones, por lo que no respondió a la pregunta de qué significa ser consciente de la propia actuación y de una regla de actuación.

El intento de dar explícitamente el tercer paso y de desconectar la comprensión de la consciencia de la orientación por los objetos no lo encontramos hasta *Ser y tiempo* de Heidegger. Heidegger abandonó el término «consciencia» porque la filosofía anterior, debido a su procedencia de la ontología, había ligado este término hasta tal punto con el concepto de objeto que parecía que consciencia significara *eo ipso* consciencia de objetos.

Heidegger puso en lugar del término «consciencia» un neologismo: «estado de abierto».[14] En especial, Heidegger se esforzó

---

12. Véase la interpretación de F. Kambartel, *Erfahrung und Struktur*, págs. 113 y ss.

13. Con esto está relacionado el hecho de que lo que Kant quiere decir con la palabra «objeto» es lo que se suele llamar «objetividad», pero ésta es un modo del ser veritativo. Kant no podía elaborar explícitamente su problemática de esta manera porque, aunque partía de las formas del juicio, no se guiaba por las frases.

14. Heidegger llamaba «ser» a lo que se «abre», por lo que pudo entender el análisis del estado de abierto a la vez como la recuperación de la pregunta por el ser, a la que libera de la fijación tradicional en los objetos. Podemos ha-

en mostrar que no hay que entender objetualmente la apertura que el ser humano tiene de sí mismo, de su propio ser (dicho a la manera tradicional: la autoconsciencia), y esta problemática se ligaba para él con el problema de la apertura no objetual de «mundo», siendo «mundo» no la totalidad de los objetos, sino la totalidad de un nexo de sentido en que un ser humano se comprende (*Ser y tiempo,* §§ 18, 32).

Tras esta somera panorámica de la relación de la filosofía de la consciencia con la ontología, tenemos que preguntar qué consecuencias tiene esto para la concepción analítica.

De momento paso por alto la problemática con que nos hemos encontrado en el primer paso, el cartesiano, pues esta problemática no es una ampliación de la ontología, sino una concepción completamente diferente de la filosofía que resulta de una radicalización del punto de vista de la acreditación. Abordaré esta problemática cuando hable de la «razón».

El segundo paso, transcendental, es expresión del reconocimiento de que lo que conforma a un objeto en tanto que objeto y lo que conforma a la objetualidad de los diversos ámbitos de objetos sólo se puede tematizar reflexionando al mismo tiempo sobre

---

cer comprensible de la siguiente manera este modo inusual de emplear la palabra «ser»: de los diversos significados que la palabra «ser» tiene en el lenguaje, Heidegger se guió sobre todo por el de ser veritativo, lo cual se nota en que para él la pregunta por el ser es al mismo tiempo una pregunta por el no ser. Toda apertura que se articula en enunciados es una apertura del ser (veritativo). Como hemos visto, la noción de «ser» se puede transferir al concepto más general de afirmación, de modo que en este sentido se puede decir que toda apertura que se articula en frases es una apertura del ser. Si llegamos aquí, podemos comprender que Heidegger pudiera ampliar la noción de «ser» hasta poder decir que toda apertura (incluida la que no se articula en frases) es una apertura del ser. El propio Heidegger nunca explicó claramente su manera de emplear la palabra «ser». Por una parte, supuso ingenuamente que los diversos significados de la palabra «ser» tienen una conexión unitaria; por otra parte, le parecía obvio decir con la tradición objetual que todo ser es un ser de lo ente, aunque esto no valga para el ser veritativo, y mucho menos para el concepto ampliado. He intentado en el apartado cuarto de mi artículo «Das Sein und das Nichts» dar un sentido preciso a la equiparación heideggeriana de «mundo» y «ser».

nuestra manera de referirnos a los objetos. Al exponer el paso aristotélico de la formulación, indiqué que sólo se puede tematizar la objetualidad de los objetos mediante una reflexión sobre nuestra manera de referirnos a ellos (pág. 44). Hemos visto también cómo se puede obtener y tematizar el concepto de objeto entendiendo la referencia a los objetos de tal modo que ésta se base en el empleo de determinadas expresiones lingüísticas; entonces dejé pendiente si no se podrán pensar de una manera no lingüística esta referencia y la reflexión sobre ella. La posición de la filosofía transcendental nos confronta ahora con esta idea.

En la medida en que la pregunta por la que nos estamos guiando concierne a la universalidad del planteamiento, está claro al menos que, si el planteamiento transcendental se limita a los objetos, no es más amplio que el planteamiento analítico, pues tampoco desde la perspectiva de la filosofía transcendental la referencia a los objetos, que ella considera primariamente no lingüística, es inaccesible lingüísticamente. Por otra parte, la reflexión analítica sobre la referencia a los objetos sitúa a ésta en el contexto más amplio de la predicación y del ser veritativo. Preguntaremos más adelante cómo hay que entender en este contexto el hecho de que los objetos estén «dados». Pero tal vez ya sea comprensible la indicación de que el problema de la «accesibilidad» de los objetos se convierte desde el punto de vista analítico en una parte del problema de la verificabilidad de los enunciados predicativos que se pueden hacer sobre los objetos. Desde ahí, el problema de las ontologías regionales adquiere un sentido diferente y más amplio que en Husserl. Si la diferencia de los diversos ámbitos de objetos concierne a la objetualidad de los objetos, esto significa que concierne a la forma de los correspondientes enunciados predicativos. Que dos objetos se distingan no sólo en relación con los predicados, sino en relación con su objetualidad, significa, como dice Husserl, que son accesibles de maneras completamente diferentes, pero al mismo tiempo esto debería significar que la aplicación de predicados a ellos se verifica de maneras completamente diferentes; por tanto, la diferencia en la manera de estar dados se basa en la diferencia del ser veritativo.

Pero la reflexión de la filosofía transcendental sobre la referencia a los objetos no sólo está concebida de manera más limitada que la analítica, sino que además hay que preguntar si la idea de que hay una referencia pre-lingüística a los objetos sobre la que podemos reflexionar no será una ilusión. Aquí sólo puedo bosquejar esta crítica analítica a la filosofía transcendental para hacer al menos visibles las perspectivas; una elaboración minuciosa de la crítica se encuentra en la segunda parte del curso (lecciones 21, 27). La idea de una referencia pre-lingüística a los objetos implica que ésta se piensa como un tener-ante-sí. El concepto moderno fundamental para este tener-ante-sí es el de «representación». La conciencia se refiere a los objetos al «representárselos».

Este término es el principal punto de ataque de la crítica analítica a la posición transcendental. El análisis del lenguaje no critica que la filosofía transcendental se haya guiado por la consciencia, sino que haya pensado la consciencia de objetos de una manera demasiado sencilla, sin tener en cuenta que nos referimos lingüísticamente a los objetos con expresiones que, en tanto que términos singulares, forman parte de una estructura lógica determinada (semántico-formal). ¿Cómo se puede pensar una referencia pre-lingüística a los objetos sin una estructura lógica? Pues como representación. ¿Qué quiere decir esto?

Aquí tengo que entrar en detalles. En el uso lingüístico habitual se emplea la expresión «representarse algo» con dos significados. En uno se completa «él se representa...» con una frase nominal, por ejemplo «él se representa que ahora llueve en Berlín»: representarse algo en el sentido de imaginarse que algo es así y asá. En el otro significado se completa «él se representa...» con una expresión que figura por un objeto, por ejemplo «él se representa la catedral de Colonia», «ya no puedo representarme a mi abuelo». En este caso, «representarse algo» equivale a «hacerse presente algo», en el sentido de: ponerlo visualmente ante sí, hacer de ello una imagen interior, una imagen de la fantasía. Es con este segundo modo de empleo con lo que enlaza la terminología filosófica. Este modo de emplear la expresión «representarse algo» surgió en los primeros tiempos de la filosofía moderna en el contexto de una teoría epistemológica de la representación: las ideas interiores como representantes de los objetos exteriores. La filosofía transcendental mantuvo el término «representación» incluso cuando renunció a esta teoría de la representación y dejó claro que la consciencia se refiere a los objetos de una manera directa y no a través de representantes interiores. Como mostró Husserl,[15] esto vale en especial para la representación de la fantasía (cuando me represento la catedral de Colonia, me refiero inmediatamente a ella y no veo una imagen que figura por ella), pero también vale para todo otro tipo de ser consciente de un objeto. Desaparece así el aspecto de representante en el concepto de representación, el cual, como no se limita a la presentación visual, se allana hasta el punto de figurar por todo tener-conscientemente-ante-sí, aunque no sea visual. En este sentido, «representar» se ha convertido en el concepto general para la referencia consciente a los objetos. Pero en realidad este concepto es absurdo. Con él se *transfiere* algo que forma parte de una relación visual a una relación lógica. La consciencia de un objeto ha de ser como tener ante sí una imagen, sólo que no tiene que ser visual. Desde los comienzos de la filosofía griega y hasta Husserl, la ausencia de reflexión desde el análisis del lenguaje hizo que la filosofía se basara en un modelo de representación e incluso óptico. El filósofo está sentado en su escritorio y piensa sobre el mundo; lo primero que puede hacer es *mirar* los objetos que tiene delante: las cosas sobre la mesa, y al otro lado de la ventana los árboles y las casas. De todo esto tiene una imagen visual. Y esto mismo, pero de una manera no sensorial, es lo que sucede, según él, cuando nos referimos a objetos. Pero, ¿qué significa «esto mismo, pero de una manera no sensorial»?

Ahora podemos comprender también la idea medieval de que lo ente es el objeto primario del intelecto *(ens primum objectum intellectus nostri)*.[16] Aunque aquí todavía no se emplea el término «representar», la idea de un intelecto que tiene algo ante sí *(objectum)*, en principio, es la misma. Se consideraba que si de este

---

15. Véase *Logische Untersuchungen*, II, 1, págs. 421 y ss. («Beilage Zur Kritik der "Bildertheorie" und der Lehre von den "immanenten" Gegenständen der Akte»).

16. Véase más arriba, nota 1.

contenido que el intelecto tiene ante sí (como la visión una imagen) quitamos toda determinación, el resultado es el concepto de lo ente.[17] También Hegel partió al comienzo de su lógica de esta concepción de «ser», que ya no tiene nada que ver con el uso real de «es», en el que se basaba Aristóteles.[18]

Más adelante tendremos que examinar si este resultado de que la filosofía transcendental recurre a un concepto vacío al intentar entender de una manera no lingüística la referencia a los objetos supera un examen riguroso. Ustedes podrían decir: aunque nos refiramos lingüísticamente a un objeto, tenemos que representárnoslo. Pero si alguien emplea un término singular, como «Pedro», no le preguntamos: «¿quién te representas como "Pedro"?», sino «¿a quién te refieres con "Pedro"?». (Se trata de un empleo de «referirse a» que hay que distinguir de aquel en que «referirse a» queda completado por una frase nominal; en inglés «to mean», no «to believe».) No nos representamos los objetos, sino que nos referimos a los objetos.

¿Y qué significa referirse a un objeto?, preguntarán ustedes. Esta es la pregunta que tenemos que investigar. Se trata de una pregunta que sí podemos investigar –la pregunta de la filosofía transcendental depurada analíticamente–, mientras que la pregunta de qué significa representarse un objeto es una pseudo-pregunta. También el «representarse» del lenguaje cotidiano, que a diferencia del término filosófico tiene sentido (hacer presente visualmente), sólo es posible en el contexto del referirse: cuando alguien intenta, por ejemplo, representarse visualmente un objeto, esto significa que intenta representarse visualmente el objeto al que se refiere.

Ustedes podrían replicar: ¿se guió toda la filosofía transcendental exclusivamente por el representar? Ustedes me indicarán que acabo de decirles que Kant piensa la consciencia de objetos como una acción sintética. Pero si nos preguntamos qué es lo que esta acción sintetiza, la respuesta es: representaciones. Es secun-

---

17. Véase la cita de Tomás de Aquino en la nota 1.
18. Véase a este respecto mi interpretación en el apartado tercero de mi artículo «Das Sein und das Nichts».

dario que Kant emplee de hecho este término.[19] Lo decisivo es que lo múltiple que la consciencia sintetiza es simplemente algo dado de antemano («datos sensoriales»). E igual que la consciencia de objetos no se puede pensar como representar, tampoco se puede pensar como conexión de representaciones. En general se puede decir: mientras la filosofía pasó por alto la estructura lógica, no tuvo otra posibilidad que pensar la relación entre la consciencia y el objeto según la analogía con un tener-sensorialmente-ante-sí, y esto quiere decir como «representar», ya se emplee esta palabra o no. A la orientación por el «representar» siempre se añadieron también otros puntos de vista, pero ella siguió siendo determinante. Especialmente cuestionable es el desarrollo de esta problemática en el idealismo alemán, que necesitaría una interpretación crítica propia: el representar se formalizó aquí a su vez como una «relación sujeto-objeto», y ésta se intentó entender con conceptos lógico-ontológicos generales como identidad y contraposición, conceptos que por su parte se adoptaron de manera ingenua, sin tomar en consideración su estructura de frase, y que a continuación (como se creía que la consciencia no se puede captar con el entendimiento, con los medios de la lógica) fueron conectados de manera paradójica en una lógica llamada «dialéctica». Una vez que se ha planteado mal un problema y que hay prejuicios que impiden corregir el planteamiento, sólo parece quedar la salida de permanecer en la aparente profundidad de la paradoja.

---

19. Véase B 129 y ss., 234-236, 242, y sobre el empleo de la palabra B 376-377 y la primera introducción a la *Crítica del Juicio*, § III (*Kritik der Urteilskraft*, *Werke*, vol. XX, págs. 205-206).

Lección sexta

Continuación de la confrontación con la filosofía de la consciencia

La confrontación con el segundo paso de la filosofía de la consciencia (el planteamiento transcendental) terminó a favor de la posición analítica. ¿Qué pasa con el tercer paso, en el que la pregunta transcendental por las condiciones de posibilidad de la experiencia de objetos conduce a modos de consciencia que ya no son objetuales?

Al llevar a cabo esta ampliación del planteamiento más allá de los objetos, la filosofía transcendental pasó por alto las frases. De este modo olvidó toda una dimensión de la consciencia no objetual sin la cual no hay consciencia objetual; así pues, al ampliar la temática partió de una base poco clara.[1] Por otra parte, con el pro-

---

1. Tanto Kant como Heidegger pasaron por alto el ser veritativo, por el que empero se guiaban. Sobre Kant, véase más arriba la lección quinta, nota 13. En Heidegger la situación es especialmente confusa. Heidegger no quería sólo ampliar la temática de la apertura más allá de los objetos, sino que quería mostrar que la apertura «más originaria» no se refiere a objetos. Su «objetualidad» (en *Ser y tiempo* «ser ante los ojos») no se refería sólo a aquello por lo que los términos singulares figuran, sino a toda la perspectiva ontológica que resulta de guiarse por el enunciado (§§ 13, 33). Frente a la apertura que se articula en frases, Heidegger intentó demostrar que es más originaria una apertura pre-lógica, pre-lingüística, que él analizó empero siguiendo el hilo con-

blema del mundo, tanto en su versión kantiana como en su versión heideggeriana (nexo de los objetos en el espacio y en el tiempo; nexo de sentido), se abre una dimensión de la consciencia que va más allá de la comprensión de las frases y la referencia a los objetos. También los otros modos de la consciencia de que hemos hablado, en especial la consciencia de las reglas de la actuación (lo mismo vale para la experiencia sensorial compleja, como la contemplación de un paisaje o la audición de una melodía), son modos de consciencia no «lógicos», que no se articulan en frases. Así pues, aquí topamos con un límite del planteamiento analítico, entendido como semántica formal.

Pero, ¿de dónde tomamos el criterio de universalidad al constatar esa limitación? Está claro que nos guiamos por un concepto lato de consciencia, en el sentido de lo que Heidegger llamaba «estado de abierto». ¿Qué hay que entender por consciencia? Parece que no tenemos un concepto claro de consciencia, y tampoco tenemos un concepto claro de los diversos modos no lógicos de consciencia; ¿qué es una consciencia de los nexos espaciales y temporales, una consciencia de la actuación, etcétera? Mientras no veamos claro aquí, no sabremos cómo pensar en concreto la ampliación del planteamiento universal más allá del ámbito de las frases. En especial, no estará claro si y cómo es posible un análisis formal de una conciencia que no se articula lingüísticamente

---

ductor de la estructura enunciativa (del «como», § 32). Esta expulsión de las frases del núcleo del análisis de la apertura, que es una consecuencia del rechazo de lo lógico, está en contradicción con el significado central que Heidegger atribuía al lenguaje («El lenguaje es la casa del ser»). De ahí que al hablar sobre el lenguaje Heidegger retrocediera al nivel de las teorías lingüísticas más primitivas, pues subrayó el significado de la *palabra* para la apertura de lo ente. Al transferir las nociones de objetualidad y objetualización al plano de los enunciados, los objetos volvieron a colarse aprovechando otra terminología (lo «ente» y las «cosas») y ocuparon una posición dominante e incontrolable analíticamente. Igualmente ambigua es la concepción heideggeriana del mundo, el cual aparece por una parte como totalidad de *sentido*, por otra parte (y cada vez más en los escritos de los últimos tiempos) como espacio de apertura de las *cosas* (véase Tugendhat, *Der Wahrheitsbegriff bei Husserl und Heidegger*, págs. 399-402).

ni cómo habría que pensar aquí una formalización o qué tendría que ocupar el lugar de la formalización. Parece que aquí sólo podemos salir adelante mediante una clarificación de nuestra comprensión de los diversos modos de consciencia y de la noción de consciencia. ¿Cómo se pueden clarificar los modos de consciencia? Se podría decir: mediante la introspección, mediante la visión interior. Pero, ¿es la consciencia algo que podamos encontrar en nuestro interior? ¿Hay una visión interior, una observación interior? Les ruego que intenten en serio contemplar su interior. ¿No queda claro enseguida que esa idea es absurda? Para observar, necesitamos nuestros sentidos; y si tenemos que observar algo interiormente, eso puede tener el sentido de prestar atención a nuestras sensaciones corporales. Pero esto no es lo que quieren decir quienes hablan de lo interior. Lo interior es la consciencia, y ahí no puede llegar la observación, la visión, etcétera. Tal vez ustedes digan: «Pero yo sé sin duda que tengo consciencia de esto y aquello, así que esa consciencia tiene que estarme dada interiormente de alguna manera». ¿Tiene que estarlo? Es una deducción precipitada decir que lo que no sabemos sobre la base de la observación exterior lo sabemos sobre la base de la observación interior. Tal vez la diferencia entre lo «interior» y lo «exterior»[2] sea mucho más fundamental que eso.

En vez de filosofar postulando, será mejor que hagamos una inspección de cómo funcionan las cosas en realidad. Pero, ¿dónde vamos a hacerla si no en la visión interior? ¿Qué podemos hacer si ni siquiera sabemos dónde y cómo tenemos que inspeccionar?, ¿si no sabemos cómo acreditar algo de lo que hablamos? Si de momento lo único que nos está dado de algo es nuestra manera de hablar de eso, sólo podemos llevar a cabo la clarificación haciendo una inspección de cómo hablamos de eso. Así pues, parece que sólo podemos clarificar por el camino del análisis del lenguaje precisamente también la propia temática que va más allá de la comprensión de las frases. Pero aquí hablamos de análisis en el sentido lato de un análisis del significado, no en el sentido estricto de un análisis de las frases. En este sentido amplio, el análisis del

---

2. Véase Wittgenstein, *Philosophische Untersuchungen*, §§ 305, 308.

lenguaje ocupa el lugar metodológico de la fenomenología descriptiva si rechazamos por ficticios los campos de visión (la visión interior y la visión del mundo) que la fenomenología presupone.

Voy a intentar demostrarles la superioridad metodológica del análisis del lenguaje sobre la fenomenología en el ejemplo de la noción de consciencia que llegó a ser determinante para la fenomenología de Husserl.

Husserl distingue dos conceptos de consciencia.[3] Uno surge cuando decimos que alguien tiene conciencia *de algo* o que se refiere conscientemente a algo. A esta consciencia de algo la llama «intencionalidad» o «vivencia intencional». Este concepto de consciencia es el determinante para Husserl. Pero las «vivencias intencionales» pertenecen para Husserl al género más amplio de las vivencias en general. En cada ser humano, las vivencias se encuentran en la unidad de un «torrente de vivencias», y también a este torrente de vivencias lo llamamos «consciencia». En este sentido decimos, por ejemplo, que esto y aquello está contenido en mi consciencia, es decir, que es una parte del conjunto de mi consciencia, entendido como mi torrente de vivencias. En este sentido, que es el segundo concepto de consciencia de Husserl, la consciencia se basa en el concepto de «vivencia». Así pues, los dos términos fundamentales, y necesitados de clarificación, de los conceptos de consciencia de Husserl son «vivencia» e «intencionalidad». Husserl lleva a cabo la fijación y clarificación de ambos conceptos de una manera aparentemente fenomenológica, mediante el método de la visión interior. Voy a intentar mostrar que en realidad la visión interior no entra en juego en ninguno de los dos casos y que lo decisivo son únicamente los criterios lingüísticos.

Husserl entiende por vivencia todo lo que puede percibir interiormente la persona que tiene esas vivencias. Para explicar la

---

3. *Logische Untersuchungen*, V, capítulo primero. Husserl menciona un tercer concepto de consciencia, que aquí podemos pasar por alto: la consciencia en el sentido de la percepción interior; este concepto de consciencia está incluido en el de intencionalidad y es la base de la delimitación de la consciencia en el sentido de unidad de vivencia (§ 6). Lo que llamo en el texto «segundo concepto de consciencia de Husserl» es el que él menciona en primer lugar.

posibilidad de esa percepción interior, Husserl recurre a la evidencia. ¿Cómo puede pretender que algo sea evidente de lo que hemos constatado que no se puede averiguar? La alusión de Husserl a la esfera cartesiana de la certeza interior nos permite comprender rápidamente en qué está pensando. En la lección anterior ya he indicado que se puede definir un primer concepto de consciencia de tal modo que abarque todos los estados que una persona tiene, poseyendo en el momento en que los tiene un saber indudable de que los tiene. Descartes llama a estos estados *cogitationes*, y Husserl *vivencias*. Cuando digo: «me encuentro en este estado de ánimo, tengo estas fantasías, estos sentimientos, me propongo, opino y deseo esto o aquello», la pregunta «¿cómo lo sabes?, ¿estás seguro de ello?» es claramente inoportuna (sólo se puede preguntar: «¿estás diciendo la verdad?»), a diferencia de si digo: «peso setenta kilos», o: «me duele la muela del juicio de arriba a la derecha». Éste es el hallazgo sobre el que Descartes llamó la atención y del que también Husserl parte, pero al que interpreta enseguida diciendo que, si no puedo poner en duda un estado mío, entonces me está dado de manera inmediata, lo percibo de manera inmediata. Husserl pensaba que también a esta percepción él la percibía con evidencia. Pero, ¿no tenemos que decir que esta percepción presuntamente evidente está tan construida como lo que presuntamente se percibe en ella?

Wittgenstein llamó en sus *Philosophische Untersuchungen* la atención sobre el hecho de que una perspectiva como la de Husserl asimila sin razón los enunciados sobre lo interior a los enunciados sobre lo exterior.[4] Cuando expresamos una «vivencia» en un enunciado, es evidente que este enunciado no se basa en la observación exterior. Los filósofos como Husserl extraen de ahí la conclusión de que ese enunciado se basa en la observación interior. Pero, ¿un enunciado tiene que basarse siempre en algo? Antes he indicado que en el caso de un enunciado sobre una vivencia no tiene sentido preguntar «¿cómo sabes eso?». Husserl presupone que esa pregunta siempre tiene sentido y que se puede contestar:

---

4. *Philosophische Untersuchungen*, especialmente §§ 244 y ss. y págs. 533 y ss.; *Zettel*, §§ 472 y ss.

«lo sé mediante la percepción interior». Que un enunciado no se base en nada nos parece insólito, pero sólo porque involuntariamente equiparamos todos los enunciados y los interpretamos de acuerdo con el esquema de los enunciados de observación. Pero si nos fijamos en cómo suceden las cosas en realidad, constatamos que en este caso el enunciado mismo es la última instancia.

Para Wittgenstein, lo característico de las frases vivenciales es «que la tercera persona del presente se puede verificar mediante la observación, pero la primera no» (*Zettel*, § 472). El enunciado «estoy preocupado» no se basa en la observación de que estoy preocupado, sino que *expresa* el hecho de que estoy preocupado, igual que un grito *(Philosophische Untersuchungen*, § 244). Por otra parte –y esto diferencia a ese enunciado del grito–, yo pronuncio ese enunciado *como tal enunciado* que puede ser percibido por otros como tal y que hay que verificar mediante la observación. Las dos cosas, que una frase en primera persona del presente no se puede verificar y que una frase en tercera persona se puede verificar mediante la observación, forman parte *esencialmente* del modo de empleo de esa frase. «No lo digo basándome en la observación de mi comportamiento, pero sólo tiene sentido porque me comporto así» (§ 357) (y esto quiere decir, porque otra persona lo puede decir basándose en la observación de mi comportamiento y de mis manifestaciones). Si no fuera así, no podríamos aprender y comprender esa frase.

Al mostrar esta bilateralidad en el empleo de las frases vivenciales, Wittgenstein hizo posible una comprensión de lo «interior» que se distingue tanto del conductismo como del introspeccionismo. En nuestro contexto no hace falta que abordemos esta problemática. Aquí sólo importa que el criterio de certeza que Descartes empleó para delimitar las *cogitationes* no se basa, al contrario de lo que Husserl pensaba, en una visión interior. Además, la certeza no es aquí en absoluto un hallazgo positivo, sino un hecho negativo: que «la expresión de la incertidumbre no tiene sentido» (*Philosophische Untersuchungen*, § 247) porque la pregunta por la justificación no se puede plantear y la «duda está excluida lógicamente» (*Philosophische Untersuchungen*, pág. 533). De ahí que el criterio de una frase vivencial en la primera persona del presente como «yo tengo dolores» sea que esa frase se puede transformar sin más en la frase «yo sé que yo tengo dolores».

Como esta transformación siempre es posible, pero no añade ningún contenido enunciativo, apenas tiene lugar en el lenguaje cotidiano. Donde la filosofía se guió no obstante por esta frase «yo sé que yo tengo dolores», sin tener en cuenta que su sentido es el sentido de la frase «yo tengo dolores», surgió la apariencia de que quien pronuncia esa frase se observa a sí mismo y constata con certeza absoluta el estado de vivencia. Guiarse por esta forma de frase en que la palabra «yo» aparece dos veces condujo a considerar la referencia del yo a sí mismo –la llamada «reflexión»– como lo característico de la autoconsciencia. La peculiaridad real de las frases en que alguien habla de sus estados vivenciales no es que en ellas aparezca dos veces la palabra «yo», sino que esas frases no son enunciados sobre el estado, sino su expresión, por lo que no admiten una duda, y es esta circunstancia la que se expresa en la frase con el doble «yo» («yo sé que yo...»).

De este modo hemos alcanzado la base del análisis lingüístico para el análisis heideggeriano de la apertura del propio ser. Heidegger rechazó la teoría de la reflexión tanto como Wittgenstein;[5] pero su desconfianza hacia las frases impidió una destrucción transparente de la teoría de la reflexión. Heidegger empezó justo donde Wittgenstein acabó. La fijación en la reflexión había impedido comprender de qué tenemos consciencia realmente en la autoconsciencia. Esto lo comprendemos sólo si nos atenemos a las frases simples (sin un doble «yo») en que alguien habla de sí mismo al decir: «tengo este estado de ánimo, me propongo hacer esto». Al pronunciar estas frases, no me dirijo a mí mismo, sino que expreso mi ser-así-y-asá, y el análisis de este ser es para Heidegger la tarea de una teoría de la autoconsciencia bien entendida.[6]

Paso ahora al otro concepto de consciencia de Husserl, al de «vivencia intencional», que es el concepto determinante para él. Se trata del tipo de vivencias cuya peculiaridad es estar dirigidas a un objeto. Así pues, en este sentido la consciencia es consciencia de algo.

5. Véase *Sein und Zeit*, § 25.
6. Véase *Sein und Zeit*, §§ 28 y ss.

Tenemos que preguntarnos: ¿cómo constata Husserl esta referencia a los objetos?, y ¿en qué consiste? Aquello a que nos referimos «sale a nuestro encuentro inequívocamente en ejemplos cualesquiera. En la percepción percibimos algo, en la representación de imágenes nos representamos algo como una imagen, en el enunciado enunciamos algo, en el amor amamos algo, en el odio odiamos algo, en el deseo deseamos algo, etcétera. Brentano piensa en lo común que podemos captar mediante estos ejemplos cuando dice: "Todo fenómeno psíquico se caracteriza por lo que los escolásticos de la Edad Media llamaban la inexistencia intencional (y también mental) de un objeto y lo que nosotros llamaríamos ... la dirección a un objeto"».[7]

¿Cómo constata Husserl a partir de estos ejemplos la dirección a un objeto? Husserl apeló también aquí a la evidencia de la intuición de la esencia. Pero los ejemplos muestran que una vez más se trata simplemente de un criterio lingüístico. Husserl constata que los verbos como «percibir», «enunciar», «odiar», etcétera, son transitivos, que hay que añadirles un objeto como complemento gramatical. Así pues, la intencionalidad es una relación. Como la intencionalidad es la «consciencia en sentido enfático»,[8] lo específicamente «espiritual» de la consciencia, Husserl tiene que aclarar en qué se diferencia esta relación de otras relaciones, estos verbos transitivos de los verbos transitivos no intencionales.

Pero Husserl no dice nada más a este respecto. Voy a intentar elaborar lo específico de la relación intencional preguntando de qué tipo son los objetos que designa en cada caso el complemento gramatical de estos verbos. Pues así podemos constatar que los complementos de la mayor parte de estos verbos no son términos singulares que figuran por objetos concretos (perceptibles en el espacio y en el tiempo), sino frases nominalizadas, expresiones lingüísticas de la forma «que p» que figuran por «estados de cosas». Cuando Husserl dice en su serie de ejemplos que en un enunciado se enuncia algo, la palabra «algo» no figura aquí por un objeto en concreto, sino por un estado de cosas. Lo mismo vale para

---

7. Véase *Logische Untersuchungen*, § 10.
8. *Ideen*, § 89.

la mayor parte de los verbos intencionales o de los modos intencionales de consciencia, como saber, opinar, dudar, desear, preguntar. La frase «yo sé...» sólo se puede completar con una expresión de la forma «que p». Algo equivalente vale para las preguntas y los propósitos, aunque la frase complementaria está ligada gramaticalmente de otra manera. Así pues, podemos decir que lo característico de estos verbos intencionales es que figuran por una relación que no se da entre dos objetos concretos, sino entre un objeto concreto (una persona) y un estado de cosas. La filosofía inglesa, que emplea el término *proposition* en vez de «estado de cosas», llama *propositional attitudes* a estos modos de consciencia. Podemos hablar de «modos proposicionales de consciencia».

Es evidente que no todos los ejemplos de vivencias intencionales que Husserl menciona pertenecen a esta clase de los modos proposicionales de consciencia. En algunos casos, como amar, compadecer, admirar, sólo puede aparecer como complemento transitivo un término singular que figura por un objeto concreto. Además, hay un grupo de verbos intencionales que se pueden emplear tanto de uno como de otro modo. De este grupo mixto forman parte los verbos «percibir», «ver», «recordar», «desear». Se puede decir «veo que el Sol sale», pero también «veo el Sol»; «deseo comer un pedazo de pan», pero también «deseo un pedazo de pan». Podemos relacionar este grupo mixto, en conformidad con sus modos de empleo, con los otros dos grupos, y así tendríamos dos clases fundamentales de modos intencionales de consciencia: proposicionales y no proposicionales, los que se refieren a estados de cosas y los que se refieren a objetos concretos.

Ahora hay que preguntar qué distingue a estas dos clases de todas las demás relaciones. No podemos decir que ambas son modos de consciencia de algo, pues lo que eso significa tiene que explicarlo todavía la caracterización de la intencionalidad. Husserl dice: lo común a todos los modos de consciencia es que están dirigidos a algo. Pero, ¿qué significa esto? «Estar dirigido» sólo puede ser una metáfora. Las señales y los fusiles están dirigidos a algo, y sin embargo no son intencionales. También podríamos pensar en apelar a la evidencia interior. Pero si alguien me dijera: «cuando tienes consciencia de un objeto, cuando lo percibes, lo recuerdas, lo temes, *ves* que estás dirigido a él, y *ves* que esta relación es diferente de otras», yo contestaría: ahí no veo nada, seguro que noto una diferencia, pero lo importante es dar claridad a lo que siento confusamente, y lo que tengo entonces a mi disposición no es la visión, sino sólo el uso del lenguaje.

Si sólo hubiera una clase de los modos intencionales de consciencia, la de los proposicionales, tendríamos un criterio claro de distinción. Pues fuera de la intencionalidad no encontramos relaciones entre un objeto concreto y las proposiciones. A este criterio se opone la otra clase de las vivencias a las que se considera intencionales. ¿Qué hay que hacer en un caso así? Podemos pensar tres posibilidades. La primera es que los modos de consciencia de ambas clases no tengan nada en común; en este caso, el concepto de intencionalidad es falso. La segunda posibilidad es que consigamos encontrar algo común completamente diferente; entonces, la conjetura de que guiarse por lo proposicional podría ser un camino para obtener un criterio general de la intencionalidad se revelaría equivocada. La tercera posibilidad consistiría en mostrar que los modos no proposicionales de consciencia no son proposicionales sólo en apariencia, mientras que en realidad implican una consciencia proposicional. En mi opinión, esta tercera posibilidad es la que se puede realizar.

Así pues, yo afirmo que todos los modos de consciencia intencionales no proposicionales implican modos proposicionales. Podemos partir de una tesis de Brentano de acuerdo con la cual las relaciones intencionales se diferencian de las otras relaciones en que en ellas el segundo miembro de la relación no tiene por qué existir.[9] Veremos enseguida que esta caracterización no vale para todas las relaciones intencionales no proposicionales, pero sí para la mayor parte de los casos: x puede temer, amar, desear, etcétera, a N aunque N no exista. Por el contrario, las relaciones no intencionales no son posibles si no existen los dos miembros de la relación. Si N no existe, no puedo golpear, comer o usar a N como asiento. ¿Qué explicación tiene esta particularidad de las

---

9. Brentano, *Psychologie vom empirischen Standpunkt,* apéndice, sección primera; véase también R. Chisholm, *Perceiving,* § 11.

relaciones intencionales? ¿Tenemos que decir que en una relación intencional el objeto está, por así decir, en el espíritu de la persona, por lo que la relación es posible aunque el objeto no exista en la realidad? Esta manera de hablar es de nuevo figurada, impropia. ¿Cómo podemos darle un sentido claro? Diciendo que x tiene al menos que pensar que N existe. Puedo temer al demonio sin que éste exista, pero no sin pensar que existe. Pensar que N existe –más precisamente, que hay un objeto al que le corresponden las cualidades que se expresan en «N»– es un modo proposicional de consciencia. Por tanto, el hecho, sobre el que Brentano llamó la atención, de que el objeto de un modo intencional de consciencia *no* necesite *existir* es una consecuencia de la circunstancia de que sólo podemos referirnos intencionalmente (conscientemente) a un objeto si lo *tenemos por existente*.

Que sólo esto es lo verdaderamente característico de las relaciones intencionales no proposicionales queda claro en los casos para los que no vale la tesis de Brentano. Si digo «x ve, oye, conoce a N», está excluido que N no exista. Eso sólo sería posible si yo hubiera dicho: «x cree ver, oír a N». Sin embargo, también aquí está implícita la consciencia de que hay un objeto = N. Si decimos que x ve a N, esto significa: x sabe gracias a su percepción visual, primero, que hay algo = N; segundo, que aquí, en su entorno visual, hay algo; tercero, que eso = N. Que la frase aparentemente sencilla «x ve a N» contenga una afirmación tan compleja se nota en que podemos poner en cuestión de tres maneras la afirmación «veo a N»: primero, no hay nada = N (N no existe); segundo, aquí no hay nada; tercero, esto (lo que tú ves) no es = N. Así pues, también la visión implica una consciencia proposicional de que N existe. Esta explicación también permite comprender por qué la tesis de Brentano no vale para estos casos. Si decimos de alguien que ve, oye, conoce a N, esto significa que no sólo cree los estados de cosas correspondientes, sino que los sabe.[10] Si decimos de alguien que «sabe que p» (y no «cree saber

---

10. Lo mismo sucede cuando los verbos «percibir», «ver», «oír» se usan proposicionalmente. La frase «x ve que el Sol ha salido» significa: x sabe gracias a su percepción visual que el Sol ha salido.

109

que p»), estamos diciendo entre otras cosas que es verdad que p. Así pues, quien dice «x ve a N» (y no sólo «x cree ver a N») confirma al mismo tiempo la verdad de los enunciados implicados por el enunciado de x «veo a N», también la verdad de los enunciados de existencia implicados, y *por eso* está implícito en estos casos que N existe.

Para consolidar mi tesis de que toda consciencia intencional no proposicional implica una consciencia intencional –mejor dicho: una afirmación de que aquello a lo que se refiere existe–, voy a estudiar un presunto contra-ejemplo. ¿Qué sucede cuando nos representamos algo en la fantasía? Lo específico de este modo de consciencia parece ser precisamente que se refiere a algo pensándolo como no existente. ¿Cómo hay que entender esta no-existencia? Por ejemplo, empezamos a contar una historia, un chiste o algo similar diciendo: «Un hombre...». Esto implica: «Imagínate que hay un hombre...». Nos referimos a ese hombre como no existente, pero esto sólo lo podemos hacer si lo *pensamos* como existente. No podemos entender la modificación de la fantasía como si borrara la existencia y sólo quedara el mero objeto. La modificación tiene el carácter «no es así, pero imagínate que *fuera* así». La modificación de la fantasía es una modificación del ser veritativo. De ahí que no concierna sólo a los objetos, sino por ejemplo a la historia completa. A todo lo que se cuenta o imagina ahí uno no se refiere como si existiera realmente así, sino que sólo lo piensa como existente así, pero insisto: como *existente* así. Esto significa para los objetos que no nos referimos a ellos como realmente existentes, sino que sólo los pensamos como existentes, pero insisto: como existentes. Así que también la consciencia fantasiosa de un objeto es implícitamente proposicional.

En la lección anterior llamé su atención sobre el hecho de que la consciencia de un objeto no es un representar, sino un «referirse a», y que la referencia a un objeto mediante un término singular forma parte de la comprensión de las frases predicativas. Las reflexiones que hemos llevado a cabo ahora nos llevan un paso más allá: la referencia a un objeto no es sólo una parte dependiente de una consciencia proposicional, sino que reposa en una consciencia proposicional, en el hecho de que consideremos verdadera a una frase existencial.[11] Y así quedaría demostrada la sentencia general de que toda consciencia «intencional» es explícita o implícitamente consciencia proposicional. Lo particular de la relación intencional consiste en que es una relación entre un objeto con-

11. Véase también Searle, pág. 93. Las reflexiones anteriores no bastan como demostración de esta frase; para eso hacen falta más reflexiones sobre la forma de las frases existenciales que llevaré a cabo más adelante. Mientras nos representemos en sentido predicativo la forma de una frase existencial («N existe»), la tesis que he establecido parece estar en contradicción consigo misma porque la comprensión de una frase existencial presupondría la consciencia de un objeto (de N). Sin embargo, en la segunda parte del curso (lección 22) he mostrado que las frases existenciales no se pueden entender en sentido predicativo: la frase «el demonio existe» tiene en realidad la forma «hay un objeto y sólo un objeto que es demoníaco». También se podría afirmar que la tesis que he establecido, aunque no pueda ser quebrantada por la consciencia fantasiosa, está refutada por el hecho de que consideremos verdaderas a frases existenciales negativas. Pues en este caso parecemos tener la consciencia de un objeto del que ni decimos que existe ni lo pensamos como existente. También este argumento se desvanece si no entendemos las frases existenciales en sentido predicativo. Pues cuando digo «no hay ningún objeto que sea demoníaco», no tengo consciencia de un objeto que no existe. Sin embargo, en la segunda parte (lección 26) he señalado que la tesis que he establecido no se sostiene en esta generalidad. Vale para todos los objetos que existen en el espacio y en el tiempo, pero no para los lugares en el espacio y en el tiempo. Se puede afirmar que un objeto existe en un tiempo determinado y en un espacio determinado, y esta afirmación puede ser falsa; pero esto no se puede repetir para los lugares en el espacio y en el tiempo. De los lugares en el espacio y en el tiempo no se puede decir que no existen, y por tanto tampoco que existen. De ahí que la referencia a un lugar en el espacio o en el tiempo no se base en el hecho de considerar verdadera a una frase existencial y sólo sea proposicional en el sentido débil de que sucede mediante un término singular que es un miembro dependiente de una frase predicativa. Naturalmente, con esta diferencia está relacionado el hecho de que para los lugares en el espacio y en el tiempo no puede haber una modificación de la fantasía en el mismo sentido que para los objetos y los acontecimientos materiales. Se puede decir: «imagínate que no existe el río Neckar, que a doscientos metros al norte de aquí no fluye el Neckar, sino que pasa una autopista por la que una princesa va en bicicleta». Pero no se puede decir: «imagínate que no existe el lugar en el espacio que está a doscientos metros al norte de aquí». Una modificación de la fantasía en relación con lugares en el espacio o en el tiempo sólo es posible diciendo: «imagínate *un* lugar...», «érase una vez *un* tiempo...» y no incluyendo este lugar en nuestro sistema espacio-temporal (es decir, no indicando su distancia del lugar espacio-temporal desde el que hablamos).

creto y un estado de cosas, es decir, que se basa en la comprensión de frases. Así, el intento de superar desde la filosofía analítica el concepto «enfático» de consciencia de Husserl nos ha conducido a un resultado inesperado: constatamos que no hay consciencia de algo que no se base en el hecho de considerar verdadera a una frase existencial y que la «cualidad» especial de la consciencia a la que Husserl llamaba «intencionalidad» y que caracterizó como «estar dirigido a algo» resulta ser la *comprensión de frases.*

Anoto de paso que de este modo también pierde su sentido el hablar de la consciencia como una relación sujeto-objeto, muy habitual en la filosofía transcendental. Esa relación no existe. Cuando un sujeto se refiere conscientemente a un objeto, esta relación nunca es simple, sino que se basa en la comprensión de frases. Una consecuencia especialmente desastrosa que tuvo la idea de la «relación sujeto-objeto» fue que en el idealismo alemán se intentó entender la autoconsciencia siguiendo este esquema: como en el caso de la autoconsciencia está dada una consciencia del sujeto de sí mismo, se interpretó esta consciencia como una relación sujeto-objeto en la que el sujeto y el objeto son idénticos, como la referencia de algo a sí mismo.

Esta idea, que surgió simplemente de una interpretación insuficiente de las frases en las que alguien habla de sí mismo, condujo al absurdo a la concepción, por sí misma inadecuada, de la autoconsciencia como reflexión: las teorías ya no sólo se guiaban, como he explicado antes, por las frases con doble «yo» («yo sé que yo...»), sino que sacaban de su contexto en la frase a estas dos presencias del «yo» y construían una autorreferencia abstracta «del» yo a sí mismo. Naturalmente, de este planteamiento tuvieron que derivarse problemas irresolubles.[12]

La prueba de que toda consciencia intencional es proposicional da un valor histórico adicional al programa del análisis lingüístico de elaborar una teoría de la frase: igual que la pregunta de la ontología por lo ente en tanto que ente se resuelve en la pregunta por la comprensión de la frase, también la pregunta por la

---

12. Véanse los trabajos de Dieter Henrich *Fichtes ursprüngliche Einsicht* y «Selbstbewusstsein».

consciencia se resuelve en la pregunta por la comprensión de frases. Por supuesto, esto sólo vale para la consciencia en el sentido de intencionalidad, no para los modos no objetuales de consciencia.

Un esclarecimiento analítico de los modos no objetuales de consciencia no podría recurrir, como el de las vivencias y de la intencionalidad, a trabajos preliminares en la filosofía anterior. Por eso, aquí harían falta unos preparativos más amplios. Así que dejo abierta la cuestión de si y cómo se puede superar la pregunta por la comprensión de frases en dirección a un concepto de comprensión más amplio, como el que busca la «pragmática», o a un concepto de consciencia más amplio, al que remiten los planteamientos transcendentales. De este modo queda abierta en especial la pregunta de cómo hay que juzgar la pretensión de universalidad de la concepción analítica de la filosofía que he desarrollado y si y cómo se podría ampliar esta concepción.

Así pues, ¿queda sin responder justamente la pregunta decisiva? La filosofía nunca responde a las preguntas decisivas. Esto no significa que sea imposible responderlas, sino sólo que, si un nuevo planteamiento clarifica las preguntas que una filosofía (la ontología, por ejemplo) había dejado abiertas, el nuevo planteamiento, mientras sea un planteamiento filosófico vivo, topa a su vez con aspectos oscuros, es decir, da con preguntas que de momento no puede clarificar. Ya ganamos algo si al menos percibimos esas preguntas que conciernen a los límites de un planteamiento. Ustedes podrían preguntarme por qué no sobrepaso los límites de una teoría de la comprensión que se guía por la frase, ya que los veo. Mi respuesta es: porque no sé cómo extender el concepto de formalización más allá de estos límites o qué ocuparía el lugar de la formalización. Tal vez ustedes me digan que yo mismo manifesté dudas en la lección primera frente a una concepción apriórica de la filosofía; ¿no habría que albergarlas con más razón contra una concepción puramente formalista? Por supuesto. Pero de esas dudas no surgiría de inmediato una nueva concepción positiva del método filosófico, sino sólo un sincretismo. No resulta fácil encontrar unos conceptos adecuados para la nueva temática semántica, pues los medios categoriales de que disponemos siguen procediendo básicamente de la tradición de la teoría del objeto; y me parece dudoso que sea posible desarrollar unos conceptos nuevos de otra manera que confrontándose con las insuficiencias de los conceptos anteriores, como he expuesto en la segunda parte del curso (lección 8). Sólo quien no ve estas dificultades específicamente filosóficas de la clarificación conceptual y de la elaboración de los medios categoriales adecuados para un planteamiento puede tener ganas de dar de golpe dos o más pasos.

Lección séptima

Bosquejo de una idea práctica de filosofía

Hoy voy a hacer un nuevo y último intento de introducción a la concepción analítica de la filosofía. Este intento se guía por la palabra «razón». El uso de esta palabra no es unívoco. En latín existe el verbo *ratiocinari*, del que se derivan el verbo español «razonar» y el verbo francés *raisonner;* el equivalente inglés es *to reason*, en la Ilustración alemana se lo tradujo como *vernünfteln*. De acuerdo con esto, la razón consistiría en la capacidad de argumentar. Kant se basa en esto cuando define la razón en el sentido lógico como la capacidad de deducir (*Kritik der reinen vernunft*, B 355). De ésta resulta para Kant una segunda definición, «transcendental», de acuerdo con la cual la razón es «la facultad de los principios» (B 356). Los principios son las premisas y, por tanto, incondicionadas de un sistema deductivo. Para Kant resultó así un concepto de razón según el cual la razón es la consciencia de una totalidad incondicionada (B 378 y ss.). El idealismo alemán llegó desde esta base a la contraposición de lo racional, total, dialéctico, con el «simple» entendimiento; comenzó así el menosprecio de lo lógico que caracteriza al desarrollo alemán de los últimos ciento cincuenta años. Pese a este desarrollo peculiar de la filosofía alemana, las palabras *Vernunft* [razón] y *vernünftig* [racional] han conservado en el lenguaje cotidiano su sentido positivo original, mientras que las palabras *vernünfteln* y *räsonnieren* ya sólo se usan en sentido peyorativo. En el lenguaje cotidiano, «racional» equivale a «bien fundado», y la apelación a que cada cual emplee su razón significa que no hay que aceptar las opiniones sin examinarlas, sino que hay que preguntar por los argumentos y los contra-argumentos. La capacidad de argumentar es no sólo la capacidad de deducir, sino más en general la capacidad de fundamentar los enunciados, de acreditarlos *Ratio, razón, raison, reason* tienen este sentido y también el de la facultad racional como la capacidad de dar cuenta de las propias opiniones y acciones: en latín, *rationem reddere;* en griego, *logon didonai*.

Así pues, una concepción de la filosofía que se guíe por la idea de razón recoge el punto de vista del concepto preliminar de filosofía de Aristóteles que él había descuidado en su interpretación ontológica: el punto de vista de la fundamentación. En la historia de la filosofía ha habido muchos intentos de desarrollar un concepto de filosofía en el que ésta, en tanto que ciencia eminente, se distinga de las otras ciencias en que (o también en que) en ella se radicaliza el punto de vista de la fundamentación, que es determinante en todas las ciencias. Lo intentaron Platón, Descartes, el idealismo alemán o Husserl. Sin embargo, no voy a enlazar con estas posiciones históricas para llevar a cabo la introducción de una concepción analítica de la filosofía que se guía por la idea de razón. Pues para acabar las reflexiones introductorias voy a intentar acreditar en sí misma la concepción analítica de la filosofía –y con ella una idea de filosofía en general–, no en relación con concepciones históricas dadas o con una comprensión previa de «filosofía».

De este modo prosigo las reflexiones de la lección segunda: acreditar una concepción determinada de la filosofía, hacerla plausible, puede tener, en primer lugar, el sentido de mostrar que esa concepción corresponde a nuestra idea previa de «filosofía» o que en ella se pueden realizar mejor las intenciones de las concepciones anteriores de la filosofía. En este marco se ha movido hasta ahora mi introducción. En segundo lugar, se puede intentar acreditar y hacer plausible una concepción determinada de la filosofía en sí misma. Como he intentado mostrar en la lección segunda, esto sólo puede tener el sentido de acreditar la motivación de esta actividad. Con esto quiero decir: mostrar que es aconsejable ejercer la actividad correspondiente. Así pues, una justificación de una concepción de la filosofía que se da no sólo en relación con una comprensión previa de la palabra «filosofía» sólo puede tener el sentido de una justificación práctica.

Si esa introducción práctica no ha de presuponer a su vez una comprensión determinada de la palabra, no podemos partir de una concepción determinada de la filosofía e intentar justificarla sólo después en la práctica, sino que tenemos que preguntar si hay una actividad teórica –pues podremos presuponer que se trata de eso– de la que se pueda mostrar que es aconsejable ejercerla. Y la respuesta a esta pregunta nos indicará *la* actividad teórica a la que vamos a llamar «filosofía» porque es eminente en la práctica. O también podemos renunciar al último de los presupuestos que acabo de indicar y preguntar simplemente si hay una actividad que sea aconsejable ejecutar, o mejor: ¿qué es recomendable hacer? Esta es la pregunta práctica más amplia que se puede plantear, y ahora podemos decir: si esta pregunta motiva o exige una actividad teórica determinada, vamos a llamar «filosofía» a esa actividad teórica.

Intentemos primero obtener una claridad provisional sobre el sentido de esas preguntas prácticas y sobre el sentido de la pregunta práctica más amplia. ¿Qué son las preguntas prácticas y a qué contexto pertenecen?

Hay una clase de acciones que se caracterizan por ser intencionadas.[1] Algunos autores definen incluso «acción» como intencionalidad, pues en el caso de un movimiento no intencionado y de sus consecuencias no decimos «eso lo ha hecho él», sino «eso le ha pasado a él». ¿Qué criterio tenemos para conocer la actuación intencionada? El criterio para distinguir las acciones intencionadas parece ser que la acción se pueda caracterizar por la intención. Por ejemplo, alguien hace algo junto a una ventana. ¿Qué está haciendo? Está ventilando la habitación. Esa es su intención. Pero la acción de abrir la ventana también es intenciona-

---

1. Sobre lo siguiente, véase Hampshire, *Thought and Action*, capítulo segundo («Intention and Action»).

da, como medio para el fin, y por tanto también podemos responder a la pregunta «¿qué está haciendo?» con la frase: «está abriendo la ventana». ¿Cómo sabemos que la acción es intencionada y que tiene precisamente esta intención? En última instancia, sólo porque la persona en cuestión está dispuesta a expresar su intención. Si aceptamos este criterio, sólo podemos hablar de actuación intencionada, y en general de actuación en el sentido estricto, en el caso de los seres que saben hablar. Podemos dejar de lado en nuestro contexto el problema de las intenciones inconscientes,[2] pues lo importante para nosotros es que toda nuestra vida consciente, la vida que se puede expresar lingüísticamente, siempre está determinada por intenciones y actuaciones intencionadas. A alguien que sepa hablar siempre le podemos preguntar –a no ser que esté dormido o inconsciente– «¿qué estás haciendo?».

Obtenemos una comprensión adicional de la relación entre intención y acción cuando tenemos en cuenta que también podemos proponernos acciones futuras. Si alguien tiene la intención de hacer algo en el futuro, puede decir simplemente «haré eso», por ejemplo «iré». Hay que tener en cuenta que estas frases en primera persona del futuro que tienen el aspecto de frases enunciativas no son frases enunciativas (véase más arriba pág. 64). La frase «iré» no es una predicción, sino una frase en la que se expresa una intención. Voy a llamar «frases de intención» a esas frases. Si alguien dice «iré» y no va, no decimos «se ha equivocado», sino «no ha hecho lo que dijo». Si le digo a alguien «seguro que iré», este «seguro» no expresa la certeza teórica de una predicción, sino la decisión de cumplir mi palabra.

Igual que la certeza teórica se basa en la negación explícita de la negación –considerada como posibilidad– de aquello a lo que nos referimos (estoy seguro de que p si me doy cuenta de que está excluido que no p), también la certeza práctica del estar resuelto se basa en la negativa explícita de la negación –considerada como posibilidad–, de la intención: «seguro que iré», es decir, no me planteo no ir. Aquí damos con un rasgo peculiar de la ac-

---

2. Véanse las apreciaciones más precisas de Kenny, *Will, Freedom and Power*, capítulos segundo y cuarto.

tuación consciente (que se puede articular lingüísticamente) e intencionada: como la acción está determinada por una intención y ésta es articulable en una frase, pero la frase es negable, con la consciencia de la acción siempre está dada la consciencia de la posibilidad de la omisión de la acción. De ahí que la actuación consciente e intencionada siempre se encuentre en un espacio de posibilidades contra las que uno se puede cerrar sin duda, pero a las que uno también se puede abrir *deliberando*.

De este modo hemos llegado al hecho de la llamada «libertad humana».[3] Preferimos hablar de actuación libre que de libre albedrío. Toda la actuación consciente e intencionada es libre. Pero el hecho de la libertad no está dado por la mera consciencia de posibilidades alternativas, sino sólo cuando la consciencia de las posibilidades alternativas puede ser determinante para la actuación. Donde no sucede esto, hablamos de acciones compulsivas, y de las acciones compulsivas no decimos que sean intencionadas. La acción compulsiva le sucede a la persona. ¿Cómo podemos averiguar si la consciencia de posibilidades alternativas es determinante para la actuación? Asociando con la acción que alguien afirma no poder evitar un castigo desproporcionado. Esa persona actúa sin libertad si en esas condiciones sigue sin poder omitir la acción.

Tal vez ustedes pregunten: ¿cómo podemos saber que una actuación que puede estar determinada por la consciencia de posibilidades alternativas es realmente libre, que no es compulsiva? Esta pregunta no es admisible si se define la libertad de una acción diciendo que en ella la consciencia de posibilidades alternativas determina la acción. Se trata de una pregunta que parte de un concepto de libertad «real» en oposición al determinismo. Considero ficticio a este concepto metafísico de libertad y prefiero decir: en el sentido de este concepto de libertad, la actuación intencionada no es libre. En contraste, la libertad que he definido antes es un estado de hecho para el que hay criterios empíricos, y pienso que

---

3. Esta definición de la libertad de acción a partir de la comprensión de la frase, que determina la actuación y a la que siempre pertenece al mismo tiempo la consciencia de la negación de la frase, procede de Aristóteles. Véase su *Metafísica*, IX, 2 y 5.

cumple lo que queremos decir con frases como «soy libre de hacerlo o no», «depende de mí hacerlo o no».

Igual que hay deliberación en relación con el espacio de libertad, también hay preguntas, pues toda deliberación está dirigida por una pregunta. Esta pregunta hay que entenderla como la correspondencia interrogativa de la frase de intención, igual que la pregunta teórica es la correspondencia interrogativa del enunciado. Cuando deliberamos y nos preguntamos qué hacer, nos pedimos consejo a nosotros mismos. Así pues, podemos decir: la correspondencia interrogativa de la frase de intención es la pregunta de qué es aconsejable hacer, lo que antes he llamado «pregunta práctica».[4]

Sin embargo, aún no está claro qué estamos preguntando realmente cuando preguntamos qué es aconsejable. ¿Hay para esta pregunta una fórmula interrogativa típica en la que se vea el carácter lógico de esta pregunta?

Si la pregunta práctica es la correspondencia interrogativa de la frase de intención, su forma general debería ser la forma que resulta de la modificación interrogativa de esa frase, por ejemplo «¿iré?» y como pregunta general «¿qué voy a hacer?». Si en una frase de intención se expresa una intención y la frase «iré» equivale a «quiero ir», la pregunta debería poder adoptar la forma «¿quiero ir?», y como pregunta general: «¿qué quiero hacer?». Pero esta pregunta es al menos ambigua si no la precisamos, pues da la impresión de ser una pregunta teórica («¿qué intenciones y motivos están presentes en mí?») y apenas podemos entenderla como pregunta práctica, es decir, como una pregunta que pone en marcha una deliberación y se dirige a una decisión, no a una constatación. Y en la forma antes mencionada «¿qué voy a hacer?» tenemos la otra ambigüedad, es decir, de no saber si se está preguntando por una predicción teórica.

Sin embargo, una deliberación se *puede* expresar en esta pregunta y también en la pregunta «¿qué quiero hacer?». Como ven: lo decisivo no es la forma gramatical, sino el modo de empleo.

---

4. Sobre el concepto de pregunta práctica, véase Hare, *Freedom and Reason*, 4.3 y 4.5.

Hay otra forma gramatical para la pregunta práctica que parece excluir la posibilidad de malentenderla como pregunta teórica. Si deliberamos sobre qué hay que hacer, lo más probable es que digamos «¿qué *debo* hacer?». Y sin embargo esta forma también es ambigua, pues esa pregunta también puede dirigirse a una instancia de mando: es al mismo tiempo la correspondencia interrogativa del imperativo. Esto está relacionado con el hecho de que las frases de intención y los imperativos están cerca semánticamente: las frases de intención son en la primera persona lo que los imperativos son en la segunda (o tercera) persona. En el caso de un enunciado («él irá»), la relación entre la frase y el acontecimiento es de tal tipo que la frase se revela correspondiente al acontecimiento, correcta (o incorrecta) en relación con él; en el caso del imperativo y de la frase de intención, sucede al revés: el acontecimiento (la acción) se revela correspondiente a la frase, correcto (o incorrecto) en relación con ella. (Compárense las frases «él presenta la cosa *tal como* es», «él actuó *tal como* se le había ordenado / *tal como* se había propuesto»). Con este parentesco entre el imperativo y la frase de intención está relacionado el hecho de que en alemán la frase «¿debo ir?» se puede emplear como interrogativo de las frases «ve» e «iré». Por tanto, la pregunta «¿qué debo hacer?» también es ambigua: con ella me puedo dirigir a alguien para recibir una orden o una súplica o para pedirle consejo.

Así que para comprender las preguntas prácticas no podemos guiarnos *sin más* por ninguna de las formas gramaticales «¿qué haré?», «¿qué quiero hacer?», «¿qué debo hacer?». En el caso de cada una de estas formas tenemos que añadir: *si* se entiende como una petición de consejo; y así volvemos a la formulación de la que hemos partido: «¿qué es aconsejable hacer?», y tenemos que preguntarnos: ¿qué hacemos cuando pedimos consejo?, ¿qué esperamos de un consejo?

Supongamos que le preguntamos a alguien «¿qué debo hacer en esta situación?», y supongamos que esa persona comprende que no le estamos pidiendo una orden, sino un consejo, y nos responde: «haz lo mejor en esta situación». Seguro que diríamos: «lo mejor, por supuesto, pero ¿*qué* es lo mejor en esta situación?». Lo que en el contexto de una pregunta concreta resulta ridículo porque es trivial puede ser significativo filosóficamente. La respuesta trivial a una pregunta práctica es «lo mejor». Tenemos así un criterio lingüístico sencillo que nos permite saber si esta pregunta «¿debo...?» está planteada como una pregunta práctica, como la petición de un consejo, y no de una orden: siempre que esté conectada explícita o implícitamente con expresiones como «lo mejor» o «bueno».

¿Qué queremos decir con la palabra «bueno»? ¿Cuándo decimos de algo que es «mejor» que otra cosa?[5] Pienso que podemos responder de la siguiente manera: cuando una cosa *es preferible* a otra *por razones objetivas*. Así pues, la explicación que propongo tiene dos componentes. Primero, la palabra «mejor» se emplea para expresar una preferencia, y «preferir» significa: ante una serie de posibilidades, decidirse por una de ellas, elegirla. Por tanto, la palabra «bueno» pertenece, en tanto que palabra de preferencia, al contexto de la elección y la libertad; sólo un ser que es libre en el sentido antes indicado puede comprender la palabra «bueno». Segundo, a diferencia de otras palabras de preferencia como «más interesante» o «más agradable», que expresan que alguien, fácticamente, subjetivamente, prefiere algo, la palabra «mejor» expresa que la preferencia tiene un fundamento objetivo.

La preferencia, tanto la subjetiva como la objetiva, puede referirse a cosas, estados o acciones. Así, decimos de una cosa de un tipo determinado (un coche, por ejemplo) que es buena o mejor que otra, es decir: si necesitamos una cosa de ese tipo, hay que preferirla por razones objetivas; lo cual no excluye que alguien elija conscientemente la peor porque le gusta más. Aunque *debería* preferir una, elige la otra.

La noción de cosas buenas depende de la noción de acciones buenas. Una cosa es buena si la acción para la que es útil se puede realizar bien con ella. Esto no significa que la noción de «bueno»

---

5. La cuestión del significado de la palabra «bueno» es la pregunta fundamental de la ética analítica. Véase Moore, *Principia Ethica;* Stevenson, *The Emotive Meaning of Ethical Terms*, y en especial Hare, *The Language of Morals*. Fuera de esta tradición, pero muy instructivo, es von Wright, *The Varieties of Goodness*. Véase también P. Ziff, *Semantic Analysis*, capítulo 6.

tenga que referirse en última instancia a acciones. Pues el hecho de que haya que preferir una acción a otra por razones objetivas puede deberse a que el estado de cosas que se alcanza mediante ella es preferible por razones objetivas al estado que se puede alcanzar mediante la otra acción. Así pues, la respuesta «lo mejor» es la respuesta trivial a la pregunta «¿qué debo hacer?», pero no sólo a esta pregunta. La pregunta «¿qué debo hacer?» es una forma particular de la pregunta general «¿qué debo elegir?» = «¿qué hay que preferir por razones objetivas?», y el alcance de la respuesta trivial «lo mejor» llega tan lejos como esta pregunta. Nos vemos obligados a elegir no sólo en las cuestiones de la propia actuación; «bueno» significa en general lo mismo que «deseable». Lo que consideramos deseable, es decir, lo que pensamos que hay que desear o preferir por razones objetivas, es determinante para lo que pensamos que debemos hacer. Podemos dejar en suspenso si aquello que en última instancia, ya no en relación con otra cosa, es deseable, es pensable, a su vez, sólo como actividad.

Así pues, las preguntas prácticas son preguntas por lo bueno, por lo mejor. En la pregunta práctica, la persona que pregunta no pregunta por lo que es (ser veritativo), sino por lo que para ella es bueno (o mejor) hacer. Pues bien, ¿qué significa que hay que preferir algo por razones objetivas?

Fundamentar algo objetivamente significa acreditarlo, y esto corresponde al concepto de razón que he introducido al principio de esta lección. De ahí que de lo bueno podamos decir no sólo que es lo que hay que preferir por razones objetivas, sino también que es lo que hay que preferir racionalmente. Y ahora podemos decir: si pedimos a alguien un consejo o deliberamos con nosotros mismos sobre qué debemos hacer, estamos preguntando qué sería racional hacer, es decir, qué actuación podemos fundamentar, acreditar.

¿Qué quiere decir esto? Acreditar es un modo de justificar. Si justificamos una acción, decimos que es correcta, lo cual significa ante todo que esa acción es conforme a las reglas. Toda actuación consciente está dirigida por reglas (en inglés se dice *rule guided behaviour*), y por tanto las palabras «correcto» e «incorrecto» pertenecen constitutivamente a todas las acciones conscientes. Por ejemplo, una acción puede ser correcta en relación con una regla de ortografía, con una regla de juego, con una convención social, con una regla técnica, con una norma jurídica. Aquí se puede hablar de una justificación relativa. Justificamos nuestra actuación, damos cuenta de ella, en relación con una norma determinada, es decir, frente a las personas que siguen esta regla. Podemos considerar una fundamentación ya a esta justificación relativa; fundamentamos nuestra actuación, damos cuenta de ella, remitiendo a la regla que seguimos.

De esta justificación relativa se distingue la *acreditación* como justificación absoluta, «absoluta» en el sentido de que (a) no se realiza en relación con una regla dada y (b) no se realiza frente a unas personas determinadas, sino frente a cualquier persona, por lo que es «objetiva». Llamamos «razón» a esta capacidad de justificar absolutamente. Aquí se trata, por tanto, de la posibilidad de dar cuenta de una acción no en relación con una regla dada.

En un sentido primario, esta justificación absoluta sólo se da en las acciones lingüísticas, en los enunciados. La corrección de los enunciados no vale en relación con una regla, sino en absoluto; llamamos «verdad» a esta corrección. Si en un sentido secundario podemos preguntar si otras acciones se pueden justificar en sentido absoluto, es porque las acciones intencionadas implican frases de intención y éstas se pueden fundamentar mediante enunciados que tienen la forma «es bueno (mejor) que...» (lo cual incluye también la forma «es bueno hacer x»). Podemos llamar «enunciados prácticos» a los enunciados que son respuestas posibles a preguntas prácticas. En el caso de cada frase de intención «haré x», pero también en el caso de cada frase de acción «hago x», se puede añadir una pregunta por la razón de la acción, de la intención. «Razón» significa aquí en primer lugar motivo. A la pregunta de por qué hago algo puedo responder o con una fundamentación subjetiva o con una fundamentación objetiva: subjetiva si digo «porque me gusta hacerlo», objetiva si digo «porque es bueno (mejor) hacer esto». Si hago x porque pienso que en esta situación lo mejor es hacer x, la acreditación de este enunciado práctico se transfiere a la acción que este enunciado implica. Así pues, podemos justificar acciones no lingüísticas en un sentido absoluto, mostrar que son racionales, acreditando los enunciados sobre *lo bueno* implícitos en ellas (es decir, acreditando que son verdaderos). Por tanto, lo bueno es una especie de lo verdadero, lo cual significa simplemente que los enunciados prácticos son un tipo de enunciado y que lo verdadero es una especie de lo correcto, la especie en la que hablamos de justificación absoluta, de acreditación. También se puede contraponer lo verdadero a lo bueno; entonces, lo verdadero figura entonces por los enunciados en los que no aparece la palabra «bueno» o una palabra equivalente, como «aconsejable» o «debe». Lo verdadero figura entonces sólo por los enunciados que, a diferencia de los enunciados prácticos, podemos llamar «teóricos».

¿Cómo se pueden acreditar los enunciados de la forma «es bueno *que p*», «*que p* es mejor que *que q*»? Si consiguiéramos aclarar esto, el complicado camino que he recorrido en esta lección desde las preguntas prácticas, pasando por los fenómenos de la libertad, de la elección, de la deliberación, del consejo, pasando finalmente por lo bueno, por lo preferible objetivamente, hasta llegar a la razón, a la capacidad de acreditar, conduciría del refugio en palabras y más palabras a un resultado.

Aclaremos ante todo que las frases de esta forma son empleadas de tal modo que con ellas se plantea una *pretensión* de objetividad y acreditabilidad. Lo característico de la pretensión de acreditación de los enunciados es la posibilidad de ponerla entre paréntesis empleando expresiones como «me parece que...», «creo que...»; el sentido de las palabras de acreditación «es verdad» (igual que el sentido del empleo de una frase enunciativa) se encuentra en este contraste con «parece que...». Este contraste está dado también en frases en las que se emplea la palabra «bueno». Podemos decir «a ellos, eso les *parece* bueno, ellos creen que eso es bueno (pero, ¿eso *es* bueno?)». Esto no vale para las expresiones subjetivas de preferencia: salvo en circunstancias especiales, no podemos decir «creo que eso me resulta agradable», «*que p* me parece más agradable que *que q*». Todo el contexto de preguntar, dudar, disputar, fundamentar, no está dado aquí, pero sí en las frases en las que se afirma que algo es bueno. De ahí que estas frases no tengan un índice de subjetividad; su pretensión de validez es objetiva para todos los seres racionales (es decir, para todos los seres que pueden preguntar por la acreditación de las frases). A esto parece oponerse que podamos decir «eso es bueno para él, para mí». Pero aquí se trata de una ambigüedad de la palabra «para»: «es bueno para él» significa: es conveniente para su bienestar; si hay que fomentar su bienestar, hay razones objetivas para preferir esto; pero las razones para que esto sea mejor para él no valen sólo para él, sino para todos, por lo que otro puede darle consejos sobre su bienestar.

Está claro, por tanto, que las preguntas prácticas son de hecho preguntas de razón, preguntas de acreditación, pero ¿cómo podemos pensar la acreditación de los enunciados prácticos? Esta pregunta es fácil de contestar para todos los casos en que preguntamos qué debemos hacer (qué es bueno hacer) para alcanzar una meta determinada. La pregunta por los mejores medios para los fines presupuestos se puede contestar recurriendo a reflexiones teóricas, en especial sobre los nexos causales relevantes. Sin embargo, ¿qué sucede si no preguntamos «qué debo hacer para alcanzar A», sino simplemente «qué debo hacer en esta situación, qué es lo mejor hacer y desear en ella» (por ejemplo, «¿es mejor un sistema económico capitalista o un sistema económico socialista?»)? Las reflexiones teóricas ocupan la mayor parte del espacio también en la contestación de esta pregunta; no podemos responder con sentido a esa pregunta sin conocer la situación y estudiar las alternativas planteadas por la pregunta. Pero el mero conocimiento no basta para responder a la pregunta de qué es lo mejor hacer. La justificación de nuestras metas últimas no es asunto de la razón teórica. El conocimiento de lo que debe ser no se puede reducir al conocimiento de lo que es. Así se plantea ahora la pregunta por la posibilidad de la acreditación de los componentes irreduciblemente prácticos de la acreditación práctica. Es la pregunta por la posibilidad de la razón práctica.

Si planteamos preguntas prácticas que no son sólo relativas a metas dadas, si ponemos en cuestión nuestras acciones y nuestros deseos, volvemos a la pregunta preliminar por la posibilidad de la razón práctica. Pero, ¿tenemos que poner nuestra actuación en cuestión? ¿Qué nos mueve a ello?

Hemos visto antes que las preguntas prácticas se plantean para nosotros en la medida en que seamos conscientes de encontrarnos en un espacio de posibilidades. Habitualmente no somos conscientes de un espacio de actuación; y cuando lo somos, sólo suele afectar a la cuestión de la elección correcta de los medios. Rara vez ponemos en cuestión nuestras metas y nuestro modo de vida en conjunto. ¿De qué depende hasta qué punto seamos conscientes en cada caso del espacio de acción?

La pregunta de qué nos mueve a plantear preguntas prácticas nos remite a la pregunta de qué nos mueve a tomar consciencia de un espacio de acción. Ahora podemos decir que se trata del interés de la razón por la acreditación. Pues la disposición o el interés a justificar las opiniones teóricas y prácticas que están implícitas en la propia actuación presupone la ponderación de las alternativas posibles. La razón presupone la libertad y llega tan lejos como ella. De ahí que, si queremos actuar racionalmente, estemos interesados en tomar consciencia del espacio de libertad y ampliarlo. De acuerdo con lo que hemos visto hasta ahora, actuar con miras a la razón no puede significar sólo preguntar si lo que estamos haciendo es bueno, sino preguntar qué es lo mejor hacer. Así pues, nuestra actuación no se mueve en un espacio de acción determinado que existe con independencia de nuestra consciencia y al que simplemente tenemos que prestar atención; qué alcance tenga el espacio de acción depende de nuestro interés en actuar de una manera reflexiva, o sea racional. Este interés de la razón puede limitarse a los medios para alcanzar metas dadas, pero también puede referirse a las metas mismas y a nuestra vida en conjunto. Voy a llamar la «pregunta práctica fundamental» a la pregunta de qué es deseable en general (no sólo para mí) y qué debo hacer, entendida como pregunta que se refiere a toda mi vida. Lo que nos mueve a esta pregunta es, pues, el interés de la razón, es decir, el interés en vivir de una manera responsable en un sentido absoluto, es decir, de tal modo que podamos dar cuenta de nuestra actuación no sólo en relación con normas y metas dadas.

También aquí se puede ir un paso más allá y preguntar: ¿por qué hemos de querer ser racionales?

Esta pregunta es ambigua. Se puede entender como una pregunta de razón, en cuyo caso significa: ¿es racional querer ser racional? Pero también se puede entender como una pregunta de motivación: ¿qué nos mueve de hecho a ser racionales?

¿Es racional querer ser racional? Al parecer, no podemos justificar a la razón mediante la razón misma, pues estaríamos presuponiendo lo que queremos fundamentar. ¿Tendremos que decir que el interés de la razón es irracional, que no es fundamentable racionalmente?

Para enjuiciar correctamente la situación lógica en que nos encontramos, lo mejor es que nos la imaginemos como un diálogo. Entonces hay dos posibilidades: o quien defiende el interés de la razón (A) es exhortado por otro (B) a fundamentarlo, o A intenta convencer a B de su punto de vista. En el primer caso, A puede responder que B, al pedirle una fundamentación, presupone el interés de la razón; en este sentido, como presupuesto de todas las preguntas de razón, el interés de la razón es racional. Esta justificación del interés de la razón corresponde a la manera en que se fundamenta desde Aristóteles el principio de no contradicción. Este principio no se puede fundamentar directamente porque habría que presuponerlo en la fundamentación. Precisamente por esto no podemos ponerlo en cuestión: si alguien habla con frases, presupone el principio de no contradicción. De ahí que Aristóteles diga que el oponente, si fuera coherente, debería dejar de hablar.[6] En el caso del interés de la razón no nos encontramos en una situación tan favorable: aquí sólo podemos decir que el oponente, si fuera coherente, no debería pedir una justificación. (Podríamos permitirle que planteara preguntas de razón relativas, concernientes a los medios para los fines; pero la pregunta que B planteó de cómo se puede justificar el interés de la razón no tenía este sentido relativo). A la inversa, A no puede convencer a B del punto de vista de la razón si B no plantea ninguna pregunta de razón, pues quien no admite la razón no puede ser convencido racionalmente.

Llegamos así a la siguiente conclusión. El interés de la razón es racional en el sentido particular de que es el presupuesto de to-

---

6. *Metafísica*, 1006a11-25.

das las preguntas de razón. Pero no hay una instancia absoluta fuera de la razón a la que podamos recurrir para imbuir el interés de la razón a un interlocutor (incluido el de la propia alma) que vive de acuerdo con el principio de inmediatez, de no reflexión, que es lo contrario de la razón. El interés de la razón sólo se puede despertar y fortalecer mediante la educación correcta.

De este modo hemos contestado también a la segunda pregunta, que no se refería a la justificación del interés de la razón, sino a su génesis fáctica. ¿Queda entonces todo relativizado de nuevo mediante la pregunta de en qué consiste la educación correcta? No, pues esta argumentación define la educación correcta como la educación que forma el interés de la razón. Y aunque esa educación sólo sea una de las muchas pensables, de lo anterior se sigue que ella es la única correcta en el sentido absoluto, la única que podemos justificar como racional.

Ahora puedo volver a mi propósito, a la introducción práctica de un concepto de filosofía. Ésta tenía que surgir del contexto de las preguntas prácticas, por lo que hemos tenido que investigar la esencia de las preguntas prácticas. Mi propuesta al principio de esta lección fue: si la pregunta práctica «¿qué es recomendable hacer?» exige una actividad teórica determinada, podemos llamar «filosofía» a esa actividad por haberla destacado como práctica. Ahora bien, la pregunta que acabo de mencionar es la pregunta que he denominado la «pregunta práctica fundamental» y que ha resultado ser la pregunta de razón más amplia. Y hemos visto que a su vez la pregunta práctica fundamental nos conduce a la pregunta preliminar por la posibilidad de la razón práctica.

Se podría llamar «filosofía» tanto a la elaboración concreta de la pregunta práctica fundamental con todas sus implicaciones teórico-veritativas y práctico-veritativas como a la pregunta preliminar por la posibilidad de la razón práctica. Ambas cosas van juntas, y gracias a lo anterior está claro que ambas cosas poseen no sólo una motivación, sino la motivación racional suprema.

Si comparamos esta introducción de la filosofía con la de Aristóteles, ya se distingue en el nivel preliminar, que en Aristóteles se caracterizaba por el concepto de ciencia. A este nivel preliminar le corresponde en la introducción actual el concepto de razón, si aún no lo referimos especialmente a la pregunta práctica fundamental. Este concepto abarca tanto la razón práctica como la razón teórica, y por tanto es más amplio que el concepto de ciencia (teórica). En el concepto de razón está incluido el punto de vista de la fundamentación, que Aristóteles puso de relieve aunque lo dejó de lado en el segundo nivel de la introducción.

En segundo lugar, la introducción actual se distingue sobre todo de la aristotélica por el punto de vista que diferencia a la filosofía en tanto que ciencia o pregunta de razón eminente respecto de las demás ciencias o preguntas de razón. Pues esta eminencia es práctica en la introducción actual. Hay una pregunta de razón eminente prácticamente. Si la llamamos «filosofía», subrayamos algunos componentes (aunque éstos no deberían importarnos aquí) de la comprensión habitual de la palabra *sophía*, por la que Aristóteles se guió, pero que descuidó: «filosofía» y «sabiduría» como pregunta por el bien supremo, como pregunta por el sentido de la vida y como orientación general práctico-teórica en el mundo. Llamamos «sabio» a quien nos puede dar buenos consejos con respecto a los fines últimos y la vida en conjunto.

En la elaboración de la pregunta práctica fundamental reencontramos el punto de vista de la universalidad, que Aristóteles subrayó, pero ahora la universalidad no se entiende desde los ámbitos de objetos, sino desde la pregunta práctica, que por su idea va ligada al estudio teórico de toda la situación concreta en el mundo. En la filosofía así entendida tendrían que entrar las ciencias empíricas, y la conexión surgiría de las metas prácticas. Comienzo aquí a hablar en condicional porque de momento no hay una concepción metodológicamente clara de esa «filosofía» y no estoy en condiciones de proponer una. Así que mi introducción práctica se interrumpe en el punto decisivo, donde el concepto preliminar de filosofía obtenido de la pregunta práctica fundamental tendría que adquirir determinados contornos metodológicos.

Sólo en el punto culminante de la pregunta práctica fundamental, es decir en la pregunta preliminar por la posibilidad de la razón práctica, llegamos a un suelo metodológico familiar. Con la pregunta por la posibilidad de la razón práctica y de la razón teórica, es decir, con la pregunta de cómo se pueden acreditar los enunciados, se retoma la teoría del ser veritativo, de la forma asertiva de las frases, guiándose primariamente por el punto de vista de la fundamentación. El punto de vista de la fundamentación, que Aristóteles dejó de lado al dar el paso a la formalización, es accesible a una tematización formal, y la temática que surge así coincide de hecho con la temática de la ontología ampliada al ser veritativo en el sentido más lato, que incluye los enunciados en los que figuran palabras como «bueno». Veremos más adelante que se entiende una frase asertiva cuando se conocen sus condiciones de verdad y se sabe cómo hay que justificarla. Al anticipar hipotéticamente este resultado posterior, puedo decir que la clarificación del significado de una forma enunciativa es idéntica a la clarificación de cómo hay que justificar los enunciados de esta forma. Así pues, la pregunta por la posibilidad de la razón encuentra su respuesta en una semántica de las frases asertivas. En todo caso, la pregunta por la posibilidad de la razón no remite inmediatamente más allá del ser veritativo a una semántica formal general. Las frases no asertivas no tienen referencia racional. Sin embargo, la justificación y necesidad de esa ampliación no es sólo una consecuencia de que únicamente se puede clarificar algo tematizando todo el género al que pertenece y distinguiéndolo de otras especies del mismo género. Más bien, ya está claro que no podemos tener la esperanza de clarificar los enunciados prácticos sin clarificar las frases de intención, los imperativos y las frases desiderativas. La palabra «bueno» sólo la podemos explicar por este camino; por tanto, la comprensión de las frases asertivas que contienen la palabra «bueno» se basa en la comprensión de estas formas no asertivas de las frases. Así pues, mi introducción práctica de la «filosofía» conduce al menos en su punto culminante nuevamente a la concepción analítica de la filosofía a la que habíamos llegado al hablar de la interpretación ontológica del concepto preliminar de filosofía de Aristóteles. Basándonos en la formulación aristotélica «hay una ciencia que pregunta por lo ente en tanto que ente» (más arriba, pág. 39), podemos decir ahora que hay una pregunta formal que tenemos una motivación racional eminente para plantear: la pregunta por la posibilidad de la razón práctica. Esta pregunta pertenece a la pregunta más general por la posibilidad de la razón, que es idéntica a la pregunta por la comprensión de las frases asertivas, una pregunta que se plantea a su vez en el marco de una semántica formal general, cuya cuestión fundamental es qué significa comprender una frase, una cuestión que a su vez (véase más arriba pág. 60) es idéntica a la clarificación de la pregunta de qué significa comprender el significado de una expresión lingüística.

Así pues, la motivación racional eminente que tenemos para la pregunta por la posibilidad de la razón práctica nos conduce a la misma temática semántica que surgió al partir de la ontología, pero conduce a ella a través de una estructura semántica determinada –la de los enunciados prácticos– que no puede figurar al comienzo de una clarificación general del ámbito semántico. La jerarquización práctica desde el interés no concuerda con el orden teórico que resulta de los nexos de cosas. Esta es también la razón por la que es tan difícil elaborar en una forma clarificada metodológicamente el concepto de filosofía necesario para responder a la pregunta práctica fundamental. Y sin embargo esto sería la tarea filosófica más importante desde el punto de vista de esta introducción práctica.

Bibliografía

Austin, J.L., *How to do Things with Words*, Oxford, 1962. (*Cómo hacer cosas con palabras*, Barcelona, Paidós, 1998.)
Ayer, A.J., «Negation», en: «*Journal of Philosophy*» 49 (1952), también en: A.J. Ayer, *Philosophical Essays*, Londres, 1963, págs. 36-65. (*Ensayos filosóficos*, Barcelona, Ariel, 1979.)
Brentano, F., *Psychologie vom empirischen Standpunkt*, 2 vols. (1874), ed. O. Kraus, Leipzig, 1924; reimpresión Hamburgo, 1973.
Chisholm, R., *Perceiving*, Ithaca (Nueva York), 1957.
Davidson, D., «Truth and Meaning», en: «*Synthese*» 17 (1967), págs. 304-323. (En: *De la verdad y de la interpretación*, Barcelona, Gedisa, 1990, págs. 39-56.)
— «Semantics for Natural Languages», en: *Linguaggio nella società e nella tecnica*, Milán, 1970, págs. 177-188. (En: *De la verdad y de la interpretación*, Barcelona, Gedisa, 1990, págs. 73-81.)
Dummett, M., *Frege. Philosophy of Language*, Londres, 1973.
Duns Escoto, J., «Ordinatio», en: *Opera omnia*, ed. Balic, Vaticano, 1954, vol. 3. (*Obras*, Madrid, Biblioteca de Autores Cristianos, 1960.)
Frege, G., «Die Verneinung», en: «*Beiträge zur Philosophie des deutschen Idealismus*» 1 (1918-1919), págs. 143-175, también en: G. Frege, *Logische Untersuchungen*, ed. G. Patzig, Gotinga, 1966. (*Investigaciones lógicas*, Madrid, Tecnos, 1984, págs. 49-85.)
Gale, R.M., «Negative Statements», en: «*American Philosophical Quarterly*» 7 (1970), págs. 206-217.

Geach, P.T., «On What There Is», en: *Proceedings of the Aristotelic Society* 25 (1951), págs. 125-136.

— «Assertion», en: *Philosophical Review* 74 (1965), reimpresión en: P.T. Geach, *Logic Matters,* Oxford, 1972, págs. 254-269.

Griffiths, A.P., *Knowledge and Belief,* Oxford, 1967. (*Conocimiento y creencia,* Madrid, Fondo de Cultura Económica, 1975.)

Habermas, J., «Was heisst Universalpragmatik?», en: K.-O. Apel (comp.), *Sprachpragmatik und Philosophie,* Frankfurt, 1976. (*Teoría de la acción comunicativa: complementos y estudios previos,* Madrid, Cátedra, 1989.)

Hampshire, S., *Thought and Action,* Londres, 1959.

Hare, R.M., *The Language of Morals,* Oxford, 1952. (*El lenguaje de la moral,* México, UNAM, 1975.)

— *Freedom and Reason,* Oxford, 1963.

— «Meaning and Speech Acts» (1970), también en: R.M. Hare, *Practical Inferences,* Londres, 1971.

Heidegger, M., *Sein und Zeit,* Halle, 1927. (*El ser y el tiempo,* Madrid, Fondo de Cultura Económica, 2000.)

Henrich, D., *Fichtes ursprüngliche Einsicht,* Frankfurt, 1967.

— «Selbstbewusstsein», en: Bubner, Cramer, Wiehl (comps.), *Hermeneutik und Dialektik,* Tubinga, 1970, vol. I, págs. 257-284.

Husserl, E., *Logische Untersuchungen,* 2 vols., 2ª ed., Halle, 1922. (*Investigaciones lógicas,* 2 vols., Madrid, Alianza, 1999.)

— *Cartesianische Meditationen,* en: *Husserliana,* vol. I, La Haya, 1950. (*Meditaciones cartesianas,* Madrid, Tecnos, 1986.)

— *Ideen zu einer reinen Phänomenologie und phänomenologischen Philosophie,* 3 vols., en: *Husserliana,* vols. III-V, La Haya, 1950-1952. (*Ideas relativas a fenomenología pura y filosofía fenomenológica,* Madrid, Fondo de Cultura Económica, 1993.)

Kahn, Ch., *The Verb «Be» in Ancient Greek,* Dordrecht, 1973.

Kambartel, F., *Erfahrung und Struktur,* Frankfurt, 1968. (*Experiencia y estructura,* Buenos Aires, Sur, 1972.)

Kant, *Kritik der reinen Vernunft,* citada por la segunda edición («B»). (*Crítica de la razón pura,* Madrid, Alfaguara, 1996.)

— *Gesammelte Werke,* ed. Academia Prusiana de las Ciencias, Berlín, 1902 y ss.

Kenny, A., *Will, Freedom and Power,* Oxford, 1975.

Kutschera, F. von, *Sprachphilosophie,* Munich, 1971. (*Filosofía del lenguaje,* Madrid, Gredos, 1979.)

Lewis, D., *Convention,* Cambridge (USA), 1969.

Lyons, J., *Introduction to Theoretical Linguistics,* Cambridge (Inglaterra), 1968. (*Introducción a la lingüística teórica,* Barcelona, Teide, 1986.)

Moore, G.E., *Principia Ethica,* Londres, 1903 (*Principia ethica,* Barcelona, Laia, 1982.)

Passmore, J., *A Hundred Years of Philosophy,* Londres, 1957. (*Cien años de filosofía,* Madrid, Alianza, 1981.)

Prior, A., «Negation», en: P. Edwards (comp.), *The Encyclopaedia of Philosophy,* Nueva York, 1967.

Quine, W.V.O., *From a Logical Point of View,* Cambridge (USA), 1953. (*Desde un punto de vista lógico,* Barcelona, Ariel, 1962.)

— *Word and Object,* Cambridge (USA), 1960. (*Palabra y objeto,* Barcelona, Herder, 2001.)

Rorty, R., *The Linguistic Turn,* Chicago, 1967. (*El giro lingüístico,* Barcelona, Paidós, 1998.)

Russell, B., *The Problems of Philosophy,* Londres, 1912. (*Los problemas de la filosofía,* Barcelona, Labor, 1991.)

Savigny, E. von, *Die Philosophie der normalen Sprache,* Frankfurt, 1969.

Searle, J., *Speech Acts,* Cambridge (Inglaterra), 1969. (*Actos de habla,* Madrid, Cátedra, 1986.)

Stegmüller, W., *Hauptströmungen der Gegenwartsphilosophie,* 2 vols., 5ª ed., Stuttgart, 1975.

Stevenson, Ch., «The Emotive Meaning of Ethical Terms», en: *«Mind»* 46 (1937), págs. 14-31.

Strawson, P.F., *Introduction to Logical Theory,* Londres, 1952. (*Introducción a una teoría de la lógica,* Buenos Aires, Nova, 1969.)

— «Singular Terms and Predication», en: *«Journal of Philosophy»* 58 (1961), también en: P.F. Strawson, *Logico-Linguistic Papers,* Londres, 1971. (*Ensayos lógico-lingüísticos,* Madrid, Tecnos, 1983.)

Tomás de Aquino, «Quaestiones Disputatae de Veritate», en: *Quaestiones Disputatae I,* Roma, 1949.

Tugendhat, E., *Ti kata tinos. Eine Untersuchung zu Struktur und Ursprung aristotelischer Grundbegriffe,* Friburgo, 1958.

— «Die sprachanalytische Kritik der Ontologie», en: H.-G. Gadamer (comp.), *Das Problem der Sprache,* Munich, 1967, págs. 483-493; también en: Tugendhat, E.; *Philosophische Anfsätze,* Frankfurt/M., 1992. («La crítica del análisis lingüístico a la ontología», en: *Ser, Verdad, Acción. Ensayos filosóficos,* Barcelona, Gedisa, 1998.)

— *Der Wahrheitsbegriff bei Husserl und Heidegger,* Berlín, 1967.

— «Das Sein und das Nichts», en: Philosophische Anfsätze, Frankfurt/M., Suhrkamp, 1992, págs. 36-66. («El ser y la nada», en *Ser, Verdad, Acción*. Ensayos filosóficos, Barcelona, Gedisa, 1998.)
Urmson, J.O., *Philosophical Analysis, Its Development between the Two World Wars*, Oxford, 1956. (*El análisis filosófico*, Barcelona, Ariel, 1979.)
Wittgenstein, L., *Tractatus logico-philosophicus* (1921), en: *Schriften*, vol. I, Frankfurt, 1960. (*Tractatus logico-philosophicus*, Madrid, Alianza, 2002.)
— *Philosophische Untersuchungen* (1953), en: *Schriften*, vol. I. (*Investigaciones filosóficas*, Barcelona, Crítica, 1988.)
— *Zettel*, en: *Schriften*, vol. 5. (*Zettel*, México, UNAM, 1979.)
Wright, G.H. von, *The Varieties of Goodness*, Londres, 1963.
Ziff, P., *Semantic Analysis*, Ithaca (Nueva York), 1960.

Índice onomástico

Agustín, san, 21, 22
Aristóteles, 23, 29, 30, 30*n2*, 30*n4*, 31-33, 35, 35*n6*, 36, 37-39, 41, 43, 44, 49, 50, 51-53, 56, 59, 62*n2*, 64-68, 79, 81, 97, 119*n3*, 128, 129, 130-131.
Austin, J.L., 83*n8*
Ayer, A.J., 74*n16*

Brentano, F., 106, 108, 108*n9*, 109

Chisholm, R., 108*n9*

Davidson, D., 49*n11*
Descartes, R., 103, 104, 116
Dummet, M., 42*n7*, 75*n17*
Duns Escoto, J., 79*n1*

Frege, G., 47, 69, 74, 84*n9*

Gale, R.M., 74*n16*
Geach, P.T., 42*n7*, 75*n17*

Habermas, J., 87*n10*

Hampshire, S., 117*n1*
Hare, R.M., 83*n7*, 84*n9*, 120*n4*, 122*n5*
Hegel, G.W.F., 80, 96
Heidegger, M., 14, 80*n2*, 81*n5*, 92, 92-93*n14*, 99-100*n1*, 102, 102*n3*, 103, 105
Henrich, D., 112*n12*
Homero, 40*n4*
Husserl, E., 30, 40, 41, 44, 70, 71, 90, 91, 94, 96, 102-104, 106, 107, 111, 112, 116

Kahn, Ch., 80*n2*
Kambartel, F., 91*n12*
Kant, I., 19, 22, 23, 90-92, 97, 99*n1*, 115
Kenny, A., 118*n2*
Kutschera, F. von, 15*n1*

Lewis, D., 84*n9*
Lyons, J., 62*n1*

Moore, G.E., 122*n5*

137

Parménides, 29, 56, 56*n15*, 80
Passmore, J., 15*n1*
Platón, 23, 30*n3*, 37*n11*, 44, 50, 51, 56, 116
Prior, A., 83*n7*

Quine, W.V.O., 42*n7*, 45*n10*

Rorty, R., 15*n1*
Russell, B., 30*n3*

Savigny, E. von, 15*n1*
Searle, J., 82n6, 110*n11*

Sócrates, 29
Stegmüller, W., 15*n1*
Stevenson, Ch., 122*n5*
Strawson, P.F., 42*n7*, 65*n8*

Tomás de Aquino, 79*n1*

Urmson, J.O., 15*n1*
Wittgenstein, L., 21, 70-71, 101n2, 103, 104, 105
Wright, G.H. von, 122*n5*

Ziff, P., 122*n5*

Índice temático

acción, 91, 117-118
 –espacio de, 127
aconsejable, 120-121
acreditación, 29, 35, 88, 89, 116
 –como justificación absoluta, 124
 –como justificación práctica, 117, 123
 –de la motivación, 117
 –práctica, 126
 –pretensión de, 125
 –radicalización cartesiana de la, 93
actuación, consciencia de, 92
 –regla de, 92, 123
afirmación, 73-77; *véase también* toma de postura sí/no
 –momento de, 82
«algo», 41-43
apertura del ser humano, 93 *véase también* estado de abierto
a priori:
 –ámbito del, 27, 28, 61
 –analítico, 22, 23, 28
 –conocimientos, 21, 22
 –sintético, 22, 23

apriórico, ámbito del conocimiento formal (Aristóteles), 44
aseveración, 71-77
 –momento de, 71-77
 –signo de (Frege), 74
aseverado, lo, 69
autoconsciencia, 105-106, 112

bueno, lo, 122-126, 130-131

certeza, 88, 105, 118
 –cartesiana, 104
 –práctica, 118
ciencias empíricas, 20, 24
 –ámbito de objetos de las, 37
 –fundamentación de sus premisas, 37
clasificación, expresión de, 45
comportamientos cognitivos (Aristóteles), 31
consciencia (intuición) de espacio y tiempo, 91, 92
consciencia, 28, 87-88, 89-93, 95, 99-113

139

–intencional, 105-113,
  –intencional no proposicional, 110
  –no objetual, 91, 99, 113
  –proposicional, 107-113
consejo, 121, 126
contradicción, principio de no, 64, 65-67, 80, 83, 128
corrección, 123

dado, manera de estar dado, 89, 94
deber, 121, 122, 126
decisión, 120
deliberación, 119, 120, 123
determinismo, 119
dicho, lo, 69-70

educación para formar la razón, 129
elección, 122
empírico, 20, 22
ente, lo, 39-40, 43, 49, 51-52, 62-64, 89, 96
enunciado:
  –como última instancia, 104
  –predicativo, 18
  –singular, 42, 47
  –verificabilidad del, 94
enunciados prácticos, 124
estado de abierto (Heidegger), 92, 92-93*n14*
estado de cosas, 20, 69-71, 107
estructura, 46, 61
evidencia interior, 107
existencia, 49-50, 109, 110-111*n11*
experiencia, 25, 40, 90
  –concepto de, 30
  –condiciones de posibilidad de la, 23
  –en sentido aristotélico, 31-33
  –no lingüística, 89

fantasía, 110-111
fenomenología, 23, 101-102

filosofía:
  –concepción platónica de, 37
  –concepto de, 16, 20, 21
  –concepto práctico de, 117
  –concepto preliminar de, 29, 33, 86
  –concepto preliminar de (en Aristóteles), 36-39, 52, 53, 88, 116
  –como semántica formal, 51-53
  –fundamentación de la, 116
  –giro transcendental de la, 89, 91
  –motivación de la, 35, 36, 86, 117
  –planteamiento unitario de la, 24, 25, 54, 59
  –primera concepción de (Parménides), 29
  –principios supremos de la, 37
  –relación con la realidad, 54
  –relación con las ciencias, 18, 38
  –temática propia de la, 21
  –como análisis del lenguaje, 24, 27
  –como ciencia formal universal, 80
  –como ciencia suprema, 33, 34, 37
  –como pregunta por el ser, 36
  –como teoría pura (Aristóteles), 36
  –de la consciencia, 87-99
  –definida como ontología, 39-40, 44
  –como actividad práctica, 117
  –como ciencia universal (Husserl), 30
  –como saber más general, 29
filosofía analítica, 13, 15, 16, 20, 23, 51, 52, 115
  –concepción analítica de la filosofía, 17-22, 100-101, 131
  –concepto preliminar de la, 17, 18, 27
  –exigencia de legitimación de la, 18, 27

–pregunta fundamental de la, 17, 18, 27, 28
–su relación con la lingüística empírica, 19
–su autocomprensión, 29
–su crítica a la ontología, 52
filosofía transcendental, 49, 89-90, 92, 94, 97, 99, 112
–su referencia prelingüística a los objetos, 94, 95
–representación en la, 95, 97
formal: ontología formal, 44
formalización, 44-49, 86-87, 113, 131
–su distinción de generalización, 44, 45, 48
frase, 31-32, 61, 46-47, 68
–asertiva (enunciativa), 63, 66, 72
–condiciones de verdad de la, 131
–contenido proposicional de la, 77, 82
–de intención *véase* intención
–estructura unitaria de la, 82
–interrogativa, 84
–negativa, 73, 74, 75
–no asertiva, 81-83
–nominalizada, 106
frase, forma de la, 61-62
–forma asertiva de la, 76-77, 80, 130
–forma predicativa de la, 62
frases, modos de, 66, 82
fundamentación, 30-32, 38, 124

general, lo, 30-32

hecho, 69

identidad, 43
imperativo, 84, 121
indubitabilidad, 88-89
intención, 117-120
frase de, 118-121, 124
intencional, relación, 105, 106, 108
intencionalidad, 102, 106-113
interior, lo, 89, 101, 103-105
intuición intelectual, 23; *véase también* visión
–de la esencia (Husserl), 106

justificación, 123, 131

lenguaje y realidad, 55
libertad, 119, 122, 127
lingüística, 18-19, 46, 47, 61
lógica, 21-22
logos, concepto de, 63
lugares en el espacio y el tiempo, 111*n11*

motivación, 127
motivo de la acción, 124
mundo, 91, 93

negación (y negativa), 73-76, 80, 82-83; *véase también* posición sí/no
«no», 76; *véase también* toma de postura sí/no
nominalización, 50, 68, 71, 81

objetividad, pretensión de, 125
objeto, 39-46, 49
–entendido como «algo», 41
–en la filosofía transcendental, 91
–referencia lingüística al, 60
–teoría del, 51, 64, 68
objetos:
–abstractos, 50, 51
–de la experiencia (Kant), 90
–ámbitos de, 39-41, 89-90
–problema de su accesibilidad, 94
objetualdad, 44, 93
–de los objetos (Husserl), 94
–de los objetos (Kant), 90
–tipos de, 90
ontología, 39, 44, 51-53, 63, 67
–como ciencia suprema, 86

141

−medieval, 79
−su conservación en la semántica, 54
ontologías regionales, 40, 44, 89-90, 94

pensamiento, lo pensado (Frege), 69
performativo, 83
práctico:
—pregunta práctica, 118, 119-123, 126, 129
—pregunta práctica fundamental, 126, 129-130
—enunciados prácticos, 124
pragmática, 87, 113
predicado, 45-46, 45n10
preferencia, 122
pregunta práctica, *véase* práctico
pregunta teórica, 119, 120
proposition, 69; *véase también* estado de hecho
proposicional:
—modos proposicionales de la consciencia, 107
—contenido proposicional, 72, 76, 82, 84

razón, 28, 115-116, 122 124, 127-128, 129-132
—práctica, 126-127, 129-132
—interés de la, 126-129, 132
referirse a (objetos), 97
reflexión, 19, 44, 87, 105
regla, 123-124
representación, 19, 79, 95-96

saber, 29-32, 88
—general (Aristóteles), 32
—sin fines prácticos, 36
sabiduría, 30, 130

semántica:
—de contenido, 47
—forma semántica, 47, 60-62
—clase semántica, 47
semántica formal, 47, 59-62, 85-86
—pregunta fundamental de la, 60-62, 85
—como ciencia universal, 59, 86
—como sucesora de la ontología, 53, 54, 85,
—equivalencia de su pregunta fundamental con la de la ontología, 62, 63
ser, 28-29, 49, 51, 56, 67, 70, 79-80, 92-93n14
—modalidades del ser, 68
—veritativo, 67-68, 70-72, 79-80, 92-93n14, 94, 110, 130
«sí», 76; *véase también* toma de postura sí/no
signos, sistema de, 31, 32
sintáctico, 46
sujeto, 41
—sujeto-objeto, relación, 98, 112

términos generales, 47
términos singulares, 41, 42, 43, 45, 46, 48, 50, 55, 60
toma de postura si/no, 85-86

verdad, 16, 124-125
—pretensión de, 72-73
visión (percepción) interior, 101, 103
—método de la, 102
visión espiritual, 23
vivencia, 102-103
—intencional, 102, 105, 108
vivencias, torrente de, 102

yo, 104-105, 112